读者文摘
Reader's Digest 文摘
（情感篇）
Qinggan Pian

佳作评选 精华版

成功没有彩排的机会，每一天都要以正式上场的姿态面对。琐碎的光阴，庸常的日子，读一篇读者文摘，为疲倦的身心注入新的活力。《读者文摘》好运将一路相随！

打开柔软的心，学会付出和关爱，点燃人性中最灿烂的光芒。

乡村物语

Xiangcun Wuyu

杜怀超 / 著

中央编译出版社
Central Compilation & Translation Press

图书在版编目(CIP)数据

乡村物语 / 杜怀超著. -- 北京：中央编译出版社，2014.2

（读者文摘）

ISBN 978-7-5117-1909-6

Ⅰ．①乡… Ⅱ．①杜… Ⅲ．①散文集-中国-当代 Ⅳ．①I267

中国版本图书馆 CIP 数据核字(2013)第 275550 号

乡村物语

出 版 人	刘明清
排版制作	腾飞文化
责任编辑	邓永标　余海伦
责任印制	尹　珺
出版发行	中央编译出版社
地　　址	北京西城区车公庄大街乙 5 号鸿儒大厦 B 座（100044）
电　　话	（010）52612345（总编室）　　（010）52612371（编辑部） （010）66161011（团购部）　　（010）52612332（网络销售部） （010）66130345（发行部）　　（010）66509618（读者服务部）
网　　址	www.cctphome.com
经　　销	全国新华书店
印　　刷	北京盛兰兄弟印刷装订有限公司
开　　本	710×1000 毫米　1/16
字　　数	180 千字
印　　张	14
版　　次	2014 年 2 月第 1 版第 1 次
定　　价	28.00 元

本社常年法律顾问:北京市吴栾赵阎律师事务所律师　闫军　梁勤
凡有印刷质量问题,本社负责调换。电话:（010）66509618

目录
Contents

第一辑 踩着草丛走过

婆婆纳 / 002

看麦娘 / 010

益母草 / 018

第二辑 回望的符音

鸟巢 / 026

泥土 / 030

霜 / 032

湿地 / 035

听蛙 / 039

听蝉 / 042

第三辑 被遮蔽或消失的石器

石磨 / 046

Contents

碌碡 / 051

碓 / 056

石碾 / 062

第四辑 村庄的流浪者

萍 / 068

苍耳 / 076

第五辑 一个人的树木记忆

香椿树 / 086

桑树 / 089

第六辑 被碾碎的时光印记

灶台 / 094

红薯 / 096

油菜花 / 099

草垛 / 102

檐灯 / 106

窝篮 / 110

第七辑 渐行渐远的村庄

疯长 / 114

消亡 / 117

目录
Contents

父爱 / 120
曾经的亲人 / 123
被吞噬的村庄 / 127

第八辑　汗水点燃的火焰

太平车 / 130
纺车 / 135
草鞋 / 140
连枷 / 146

第九辑　水域深处的温暖

水绵 / 152
水烛 / 161

第十辑　大地内心的铁

锄 / 170
犁 / 175

Contents

耧 / 180

镢 / 185

耙 / 190

第十一辑 萤火虫照彻的背影

萤火虫 / 196

第十二辑 土地最后的挽歌

那块土地 / 202

那座房子 / 204

爷爷的疑惑 / 207

支撑 / 210

劳爷 / 212

和土地,告别 / 214

第一辑

踩着草丛走过

大地上的草丛与人群，我以为这两者是可以转换的。实际上只是我们认知事物的角度不同。在逐渐深入草的内部，我恍然发现，每一株草都是对应着我们人类自身，用外在与内心的一种药的物质，养育我们。可是我们总喜欢脚踩着草丛，一遍遍漠然走过。

乡村物语

婆婆纳

我执意要走进这一群植物之中，确切地说是走进一群所谓草的丛林里。在我看来，每一株草都是一个神秘鲜活的世界，尊重、平等和友好。当人类学会直立行走的一刹那后，那颗长年低下的头颅就再也没有低下来过。我敢说，那些向上的目光是浮躁的、游离的甚至无神的以及迷惘与慌乱。就是这些婆婆纳、看麦娘、播娘蒿等有着亲人名字的草们，远距离落生在人类视野里的草们，被无数人群冷漠踩在脚下的草们，是否一样凝结着我们亲人般的血脉？这一伟大的发现似乎赋予我神圣的职责与历史的使命，迫使我必须与草为伍，和草对话，用草语与高高在上的人类对话，就这样我必须俯卧在草丛里，对着草们，一声又一声地，轻唤母性的名字：婆婆——哪（纳）——

若初见

我是在那片起伏的原野上与婆婆纳相遇的。自然、宁静、素朴与缄默的原野，褐黄色的土壤和稀疏的树林，随着一层层历史翻阅的册页：向上，起伏，汹涌，直至连绵到空中的云朵；向下，一页页翻阅抒写，随着蜿蜒的载着古老秘密的河流远去。我有必要在此赘述。这片古老的原野，一万年前是一片原始的森林，江苏境内最早的类人猿化石就是在此地发掘的，被人们称为双沟醉猿。双沟是地名。

这是个火与水燃烧的原野！当我闯进婆婆纳的视野时，我是坐在远去的列车上的。我是在平静与迷失的途中偶然相遇婆婆纳的。当时我还不知道那叫婆婆纳。当那漫天卷地的绿层层翻卷上来，不断撞击我的眼帘时，我彻底坍塌了，人生的迷茫、生存的忧患和物质的欲望还有抛不开的名利瞬间化为灰烬，取代的是这些蓬勃的生命，充满无限碧绿的生命个体。清淡、素雅和纯净以及天地间的大美都在其中了。

好个疯狂的婆婆纳！密匝匝的，绿绿的，匍匐着繁盛在寂静的远离尘嚣的这片原野上。这种生长到极致的植物，生命的尽头等待的是什么？绿得重，长得盛，抵达巅峰，之后便是悬崖深谷。我去过兴化，看过那传说里的铺天盖地的戴窑油菜花开。所有的花卉，我最见不得的是油菜花开，花开绚烂至极，直到最后曲终人散，落个凄凄惨惨戚戚之黯淡光阴，满地落英，无数愁容。恰似泰戈尔所言，死若落叶之静美。我不知道如此葳蕤的蓬勃的婆婆纳，遗世独立在这苍凉的原野，昭示着什么？现在，这片原

野一片苍茫与寂寥，偶然的声响则是上空疾飞的鸟群。

列车短暂停息的片刻，我透过车窗细细打量着这卑微的植物，小而圆的叶子，点缀着一小朵一小朵米粒般大的蓝花。那种蓝，是湛蓝天空深处的蓝，是大海中心的蓝，是蓝布花裙中央的蓝。匍匐生长的婆婆纳，在空旷的原野上，似乎天空低下了身子，大地挺起了胸膛，天地间唯有这无人喝彩的婆婆纳了，汲取天地之精华，绽放出这样惊世骇俗的美！每一位过客看见了我相信都会为之疯狂、赞叹。或许，正四处漂泊奔走的人群，在一刹那间会有隽永的思考。

再相遇

沿着婆婆纳我回到故乡。我在故乡也再次看到了她的笑容，看到了朴素与卑微的一种叫婆婆纳的野草，远远地躲在农人心门之外的植物。我走在坍塌得露出脊梁与白骨的阡陌上，凝视着一路的婆婆纳。散漫密集的婆婆纳啊，如大地厚实的绿衣覆盖在这打满补丁的大地上。每一片荒芜，就是一块补丁，一个看不见深浅的伤口和无法言说的痛。婆婆纳，这样细腻地审察着大地上发生的一切，然后默不作声地弥补一切，之后，在绿色的世界里，伸出一朵或者两朵蓝色的火焰。

婆婆纳的名字最早见于明周王的《救荒本草》一书，可谓历史深远。可是在我们生活的空间里，谁看见过她的面容？在幸福的时刻，谁会看见俯身地面的植物？颇有意味的名字，谁能解读？我至今也无法参透婆婆纳的隐喻。

婆婆纳，给人的第一感觉，她不是一种草的名字，而是一位亲人的名字，是呼唤亲人的音符。婆婆——哪——婆婆纳——是乡村古树下做针线活的婆婆，是缝补着日月的乡间农人。婆婆纳，这个有着苍老的名字，嵌着个充满母性的动词——纳。纳鞋子，给远行的游子，给膝下的孩子；纳鞋垫，给待出阁的女子，或者远方的小伙子；然我最担心与想象的是"婆婆"和"纳"的组合与融入，呈现的是一个沉重与沧桑的劳作过程，生锈的顶针，赫黄的筐箩还有白发苍苍的老人，在黄昏……我曾经听祖母说过，大地上的每一株植物，都是一盏灯哦；大地上的每一株植物，都是一个人的魂魄；大地上的每一株植物，都会对应着一个人。我想知道，这婆婆纳到底会是谁呢？祖母，母亲还是我？繁星点点的婆婆纳，是祖母手中密密麻麻的针脚，缝补着乡村的时光之衣，缝补着大地上的伤口。而盛开的蓝色花朵，像个人性的容器，盛满梦幻之美。

对婆婆纳的理解莫过于 16 世纪初期的王磐了。他在编辑成书的《野菜谱》中把她唤作破破衲，还编首三字谣：

破破衲，不堪补。

寒且饥，聊作脯。

饱暖时，不忘汝。

这破破衲如何变脸成婆婆纳的呢？一说其叶如衲而得名，有人云其果实与婆婆针线用具相似。江淮有儿歌："婆婆辣（纳的谐音），婆婆辣，揪掉你的头，掰去你的权，看你对我小媳妇还辣不辣？"这是过去童养媳对地主婆血泪的控诉了。旧社会的童养媳，和婆婆纳有何区别？一样的卑微、渺小，谁也不会在乎她们的，她们的生活如地上爬行的蚂蚁，随时会一命呜呼！可惜那些女子们，纵然有千般姣好，怎敌俗世尘埃？偶尔寒风冷雨，甚至一阵秋风过，生命便萎然飘零。如此这般，是否她的名字是一

种呼救，婆婆，请手下留情啊！

乡间野草中带有"婆婆"二字的还有婆婆丁和婆婆针，婆婆丁就是蒲公英。采撷过蒲公英的人都知道，蒲公英的主根突出，经年的根还覆盖一层厚厚的黑，似一根铁钉，钉在大地的肌肤上，给人以疼痛之感。而婆婆针就是鬼针草，顾名思义，可想而知了。这么多的"婆婆"字样，谁知道她的前世今生？

神秘之境

世间每一种草总是充满着隐秘的意境或者深意，如这婆婆纳。圆形的绿叶，蓝色的花，密集的簇拥，这一切看似是上帝的造化，是与生俱来的姿势，是生长在大地上的背影，实际上背后的故事充满着无法探知的神秘与精巧。

我国在明代已经有婆婆纳这个称呼了。旧时采婆婆纳，是民间抵御灾害的活动之一，尤其是江淮地区。"婆婆纳"，又称"破破衲"，一种野菜。明徐光启《农政全书•荒政》：婆婆纳"生田野中。苗塌地生。叶最小，如小面花靥儿，状类初生菊花芽，叶又团边微花，如云头样，味甜。"灾年乏粮，夏历二月，采其茎叶，可充饥。食法"采功叶熟，水浸淘净，油盐调食。"

婆婆纳，特别是阿拉伯婆婆纳，居然有这许多奇怪的名字，是我们打破头也无法构思出来的，卵子草、石补钉、双铜锤、双肾草、桑肾子等，更为神奇的是居然一系列的名字涉及着人类的根本，从内心出来，以肝脏肾的名义生长。婆婆纳，难道是一种关系到生命的草族？是我们生命的保护神？圆形的形状，是否代表着世间圆融的佛家境界，密集生长是否对应着大地上每一匆匆行走的过客？

这不同寻常的植物，居然以草的形式在民间行走，匍匐着，贴着泥土，以最卑微的角度。也许，世间最伟大的事物，总是以最卑微的形式出现。如梵高，画出震惊世界的画，却以猥琐、贫困、潦倒、自尽的形式存在，直到后来，人们越过生命、物质、鄙夷、不解甚至是诽谤，终究还是抵挡不住向日葵那艺术的、惊艳的光芒。这是超越时间与世俗的惊奇，是一段时间无法解读却不能否定的、无法企及的高度与境界。在向日葵的天空下，梵高与艺术很近，与自然很近，与物质很远，与烟火很远。

窥探婆婆纳，你还会发现她的性格迥异，淡，凉，是看淡时间的灯红酒绿，还是悟透人世间的世态炎凉？就把淡定与炎凉收拢于一簇绿色里，收拢于层层叠叠的枝叶间，然后从草丛中开出一支蓝色的花朵，好似婆婆们手中那根闪亮的长针，沿着乡间裸露的大地，沿着荒原苍凉的背影开始一针一针缝补，缝补这个原野，这个乡村以及生活在世间的人们。

因此，婆婆纳是一种药，一种医治肉身与世态炎凉的草药，火与光、精与血的琥珀，抵达身体，抵达经血，抵达诗意生活的大地。

但我更青睐于婆婆纳，还原于生活，还原于植物生命的本身，人与物，物与人，两者有何界限？人与物，都在各自生活的轨道上存在着，草有草的草场，人有人的家园，互相依赖，互相陪伴。人与植物，本身就是两个不同的宇宙，谁能跨入两界？可惜，自以为聪明的人们，总是以自己的解读好为人师，看着果实形状酷似老婆婆做针线的笸箩，两面各有凹槽，如细密的针痕，则命名其婆婆纳。更有善于联想的人，把花朵作细腻地解读，花瓣中较大的是"婆婆"，接纳较小位于内侧的"媳妇"之意。这充满人情味的名字，似乎看成人类自身的隐喻。中国传统特色的家庭关

系中,婆媳关系最难解开,人类把钥匙交到自然的手中,诸如婆婆纳,贴着地面,低调、谦卑、贤淑与美丽。而我,则更多地喜欢把婆婆纳想象成乡间的小媳妇,在青砖灰瓦、古色古香的江南民居建筑中穿行,摇曳的身姿,化作飘飞的那件蓝印花布,那朵无法抹去的深蓝。

蓝色之语

我不是个色彩学的专家,但我不能不谈谈婆婆纳的蓝。俯身细看婆婆纳,你会发现蓝色花瓣中勾勒着深蓝的脉络,犹如青花瓷,高洁与淡雅,还有神秘。从植物学中得知,自然界中蓝色的花朵是很罕见的。这低处绽放的婆婆纳,微小的蓝,卑微的蓝,用一只稚嫩的小手,在大地上擎着,给谁看?飞鸟?疾飞的背影只看见远方的碧落;给行人,他们只关注那些灯红酒绿。但婆婆纳,那闪烁着灵魂之光的花朵,在最低处开放一片蓝。蓝得透明,蓝得纯粹,蓝得生动。她有着海的影子,是否是立体的海?从辽阔中凝结成一朵,有着浓盐的味道。或许是来自西藏的天空,撷取的一片蓝,干净、澄澈与深邃。

张爱玲一生与蓝分不开。在她的作品中,蓝色是人生的无常,是神秘的影子,是无法言说的忧郁与苍凉。在《私语》里,张爱玲引用 Beverley-Nichols 的诗:"在你的心中睡着月亮光"。她说,"我读到它就想到我们家楼板上的蓝色的月光,那静静的杀机。"在《沉香屑——第一炉香》中,"丛林里潮气未收,又湿又热,虫类唧唧地叫着,再加上蛙声呱呱,整个的山洼子像一口大锅,那月亮便是一团蓝阴阴的火,缓缓地煮着它,锅里水沸了,咕嘟咕嘟地响……"极度天才的张爱玲,小说作品中融入蓝的意景,包裹着她对人生的寓意和对人性的暗示,道出她对生命的独特感悟,

看似随意,实则透着深重的心机。

我得仰望婆婆纳了。在看惯艳丽大红大紫之后,经历高山深渊之后,人的一生行走,必须学会贴着地面飞翔,像婆婆纳般,匍匐着,从平淡中,开出自己的蓝。没有功利,少去世俗,任其自然,与自然融合一体。德国文艺复兴时期的绘画大师阿布雷希特·丢勒在《青草地》中说,"受自然的引导,不要丢掉这一点,别指望自己抛开自然的引导还可以做得更好,你将会被引入歧途。因为真正的艺术就隐藏在自然之中。"人,要是以自然的姿态,一株植物的方式存在,你将会发现本真的自我。繁华落尽见真纯。

让生命开出蓝,或许我们对着深爱的生活或者爱人更添几分精彩。"我却深幸我曾爱你——想想那!让一株婆婆纳变蓝的所有阳光!"(王尔德《因为我深爱过》)

人之所以不幸,是因为他不知道自己是幸福的,仅此而已。
——陀斯妥耶夫斯基

看麦娘

　　生命一旦经沙漠磨砺过，我们将会给荒凉与繁盛新的诠释。

　　现在，我就躺在星空下的大地上，躺在一丛丛莫名与有名的青草间，看着流星划过天边，身下匍匐的草们，从挤压的空隙里蜿蜒出来，放牧天涯。我愿意这样滋生于草丛之上；草之上，是旺盛、是碧绿、是鲜活的生长、是看不见却可以感受到的滋润。睡在草丛久了，有种恍惚之感，一丛丛草从身边站起来，挺直脊梁，长叶、拔节，似乎有超越我头颅、身体之势。不把我们覆盖在她的身下不罢休。我知道，人的生命是无法与她们抗衡的，总有一天，她们会把我们用时间的箭矢击倒，然后蘸着流窜的风、潮湿的雨还有炽热的阳光把我们点化，最终成为她们身下的泥土。

　　高贵的人类！昔日我们对草类吆三喝四，铲、锄、割、烧……十八般武艺，全部派上场，到头来终究被草埋葬。我们习惯于把她们踩在脚下，习惯于高高在上,习惯于草的仰视。我们会不屑一顾地说,那是什么东西?最卑微的草罢了。焉知道,脚下也会回响起一个绿色的声音:那是什么东西?最普通的泥土而已。可惜,我们人类看不到最终,或者说不愿承认人是比草还卑微的东西。纵然在路上,有一两个声音在草丛间呼喊,比如看麦娘。不幸的是,人类啊,走过那片草坡,眼见一片庄稼,便忘却了来时的路。

看

看,这是仰望大地上的看麦娘的生命视角。我必须保持着这样的姿势,学她样,匍匐在草地上,和大地挨得很近,似乎紧贴着大地的心口、大地的海拔。其实,我只不过是大地上一块走动的泥巴罢了,终有一天回到那里,成为泥沙甚至尘埃。世间还有什么不可能的呢?就如一株植物,被人类视作草的植物,却有着无可悟透的名字——看麦娘。春风走过她的身旁,人们总要把目光丢在她的身边,直到彻底明白,否则是要彻夜难眠的。

我是其中之一,一直醒着做梦。做这看麦娘的梦。我以为这就是娘的名字、娘的音符。每念及她的名字,似乎是我在异乡的大地上,在充满荒芜与喧嚣的都市里呼喊娘的声响。看!娘!恍惚里我看着娘移动着瘦弱矮小的身体,贴着地面向我走来。瞬间,我倒在娘的怀里。打量看麦娘,这株春天里遍地生长的植物,沿着潮湿或者水系,绿遍水坡与池塘甚至肥沃的庄稼地。贴着地面生长。就像娘,围绕着村庄,向泥土触及生命的根

系，支起葱茏。

我似乎走进了看麦娘秘密的通道。惊诧发现她总是沿着水系蜿蜒，接着布满大地。她是水系的外表旅行者，水系本身是隐藏在泥土深处的行者。这些看麦娘啊，在阡陌田畴到禾田的路上，是看麦娘一路引领着，跋涉着，伸出充满绿色汁液的手掌，指引着水的前方。不得其解的是看麦娘在麦子的幼时，始终以麦子的形象生长在旷野中，有的甚至和麦子长在一起，肩并肩，脚跟靠着脚尖，在鸟语与风的呢喃里，瞒过农人的眼睛。渐渐地，麦子长高了，看麦娘也知趣地走开了，蹲下身子，绕过南风，躲过露水和阳光，把所有的滋润都给予了麦子。自己逐渐矮下身来，等待秋风掠过，农人撷取一季的金黄。可谁又看得见矮到尘埃之下的看麦娘呢？难道这是她名字的内涵？是哪一位先人，走进她的内心，给她惊世骇俗的命名。看麦娘，看麦娘，到底是谁的娘啊！娘在守望什么？据资料，看麦娘是个有内涵的女子，有着高粱的身材和火红的心事，所以还有一些乳名或者芳名，如山高粱、麦陀陀、麦娘娘等。

人类是善忘的一科，甚至是背叛。或许忘却是人性的使然还是精神的沦陷？我们接着看她的注释：一年生草本植物，每年的4～8月开花、结果。全草入药，味淡，凉。具有利湿消肿，清热解毒的功效。口服用于治疗水肿，水痘。外用用于治疗小儿腹泻，消化不良等症。这则说明我是万万不能接受的，这千金药方的看麦娘居然唤作杂草！即使小说家池莉写出了中篇小说《看麦娘》，我依旧怀有成见。她说看麦娘就是狗尾巴草。我不知道当时的湖北地区是如何称呼看麦娘的。狗尾巴草怎和她相提并论？再说那尖耳猴腮、瘦弱麻秆的狗尾巴草，毛茸茸的，在麦田边摇晃着，一副吊儿郎当的模样，的确称得上不稂不莠。

麦

我不知道在看麦娘与麦子之间有多远的距离。"看麦娘的表意是看护着麦子长大成熟的另一种草,这个名字有着类似于奶妈一般的温情。"(作家张羊羊语)人类在获得麦子种植的大面积收获之后,回首来路时,给看麦娘留下一段辛酸与痛楚的词语:"适生于潮湿土壤。麦田危害严重。为长江流域、西南及华南等地区稻茬麦、油菜田危害最为严重的杂草,成为这些地区麦类高产的限制因子。"天哪,还有没有人性?春天的篱笆前,总是看麦娘首先冲挡在前沿阵地,村子里的猪羊鸡等徘徊在麦田边时,总是看麦娘出手的。她把自己落生在麦苗的四周,看风挡雨呵斥动物,对于庞大的动物比如牛,看麦娘就俯下身子,用肥胖的叶子和早熟的花束献给它,以换取麦苗的完全。这完全是一种自我牺牲的精神。这完全是一位割肉喂鹰的奶妈情怀。这贴着地面的母性是娘才有的高贵。

我见过看麦娘人老珠黄的时刻。当大地上的麦子在农人的手中逐渐走向硕果的巅峰时刻,大片大片的看麦娘早已不见踪影。人类只看见那金灿灿的麦穗、麦浪、麦海,谁还会发现麦子的身旁,一簇簇昏黄枯萎的看麦娘早已香消玉殒了,低下守候一春的头颅,把自己埋葬在麦子的脚下,化作尘泥,等得来年的使命与召唤。那不是大地的召唤,是娘对孩子的责任!

请让我再摘录一段冰冷的文字,审查下人类是如何对付娘一样的植物。"农田看麦娘杂草的防治方法:用薄膜覆盖,高温堆沤2～4周,杀死

其发芽力;或者在萌发后或生长时期直接进行人工拔除或铲除,或结合中耕施肥等农耕措施剔除杂草;也可用药剂杀死。国内外已有300多种化学除草剂,可用于几乎所有的粮食作物、经济作物地的除草。"这分明是对看麦娘赤裸裸的杀戮,是对生命的贱杀与摧残!哪一株植物没有生命?哪一株植物没有思想?否则的话,怎么会有看麦娘这个美好的名字?人类生命的最初也许正是这些植物孕育的,可是到后来,人类却是她们的杀手,更是大自然的罪犯、罪魁祸首。山洪、泥石流、沙漠甚至瘟疫等,难道不是大自然对人类反复无常、无视大地上每一株植物的报复与反应?当我从呼伦贝尔大草原走进沙漠时,感喟的不是荒凉与恐惧,而是对草类的尊重与敬佩。正是这些铺天盖地的绿草,为人类阻挡了风沙与荒凉,她们是人类一件华美的绿袍子,失去她们,人类只会赤裸着身子,啃食着黄沙,最后枯萎死去。因为从生命的本身来说,不仅有思想与情感交融的人性,还有率真的草性。人类何尝不是大地上一株株草?

我不知道那些沉默的猪、牛还有羊们是否知道自我救赎?曾经,年少的我们挎着竹篮,执一柄镰刀在洒满黄昏的旷野中,把你们请回家,然后用笨拙的刀片切割,直到粉身碎骨,端到鸡鸭鹅、马牛羊身边。那些走进他们胃部的看麦娘,是否能轻易消化?无数青春的看麦娘在你们无数次的反刍中,融入你们的血液,甚至骨骼。天地有大美而不言。来年的旷野,一场如约的春雨之后,漫山遍野又是一片片看麦娘的景致,伸展着嫩绿的叶片,从大地上爬坐起来,虽然不够伟岸,也称不上魁梧,但蓬蓬勃勃,须臾间,就会以麦穗的形象大使般,呵护与守卫着它。其实,你就是一株别样的麦穗啊!在荒年时,你便是饥民们食用的粮食。将成熟的果穗晒干,捣去颖壳取得种子,如同稻米般煮成饭粥食用。也可以把种子磨碎后,充当面粉,制成各种糕饼,食用起来别有一番风味。那个荒年,你就是生命的粮食。朗朗乾坤，真正需要自我救赎的不是动物们，而是食草又食肉的人类自身。

在我的村庄，日子过得很快

一群鸟刚飞走

另一群又飞来

风告诉头巾：

夏天就要来了。

夏天就要来了。晌午

两只鹌鹑追逐着

钻入草棵

看麦娘草在田头

守望五月孕穗的小麦

如果有谁停下来看看这些

那就是对我的疼爱

（蒋蓝《在我的村庄》节选）

谁会怜爱看麦娘？人类给她起了个隽永的名字：看麦娘，附加半句，杂草的一种。杂草，是卑微的代名词，是相对于庄稼而言的弃儿，是人见人讨厌的植物，对人类有百害而无一利的那种。翻过青黄的史册，回溯过去，我们看到人类已经迷失了自己。荒芜的大地上，恰似深褐色的伤口，漫野的疼痛正撕裂着麻木的人们。

娘

我对这株植物的理解保持着混沌的状态。我愿意以这么模糊的视角对待看麦娘，呼喊一声她的名字，就恍惚在呼喊娘的名字，呼喊麦子的名字。两者在我看来，一是生我，一是养我，都是生命中息息相关的人与物。

有人说过，大地上的每一株草，都是一个灵魂，都是人类在世间的倒影。你看，每一逝者的坟头上，都长满碧绿的青草。这话我信，人不就是一株会走动的植物？世间的娘，都是一株走动的麦穗，结着硕大的果实，营养着他人的人生。

每念及乡下的娘，总有种负罪感和愧疚感。她们是大地上最卑微的看麦娘。乡下的娘与看麦娘般，不择地方，不择人生，她们的生活就是保持鲜活，呵护身旁的子女。她把自己栽种成一棵野草，汲取大地的养分搬运回村庄。她把自己养成两只硕大的乳房，滋养生命。她们有时还必须是一棵树，能遮挡风雨的树木，伟岸、坚强和浓荫遮蔽。她们的人生搏斗场，就是脚下的大地，辽阔的原野。从泥土里站立起来，继续在泥土上劳作，直到把脊梁累弯了，弯到泥土深处，就再也不弯了，与泥土一起继续孕育。

她们没有水分的滋润，因为所有的水分都汇成了河流；她们没有文字，因为所有的文字都写成了大地的诗篇；她们没有故事，因为所有的孩子都是她们最好的传说。她们有厚厚的茧子，那是岁月汇聚的伤疤，她们有年轻的皱纹，那是早逝青春的烙印，她们啊，身无分文，所有的一切都给了孩子。

我的乡下的娘，就是一棵千年沉默的古树，保持浓郁的阴凉，保持生命的蓬勃，保持经久劳作的姿势，行走在时间的旷野上，没有声响，没有言语。春去春回，花开花落。树上的蝴蝶之美无暇观赏，树下的鸟儿成对无法凝视，就是从树旁流淌的雨水，也无从谛听生命的欢畅。保持碧绿，保持劳作，直到水瘦山寒，黄叶落尽，直到有一天，在一声轰隆之后，庞大而又弱小的身躯匍匐倒地，灰飞烟灭。

旷野上每一株看麦娘，都是我们的娘，一种母性的植物，用卑贱的方式，诠释世界的灿烂与深沉。落红不是无情物。正是这些看麦娘，乡下的娘，才有了丰盈的秋野，才有了多姿多彩的生活。我们呵，不正是娘眼里的一株麦穗？我们逐渐长大，娘逐渐老去。

看麦娘，看麦娘！眼前浮现出那小巧玲珑的模样，在初春的田地里密集生长。

>>>

幸福对人的心灵来说是比不幸更严峻的考验。
人虽然能忍受不幸，但却会被幸福所腐蚀。

——泰西塔斯

益母草

我对自然越来越充满敬畏与迷惘,准确地说是对那些有名或者无名的贴地生长的野草们产生敬畏。就是这样一种弱势的植物,在低处,在山野,甚至在人迹罕至的地方,用悲悯的目光打量行色匆匆的世人。高昂着头的世人,是不屑低下高贵的头,向脚下的植物投去怜爱的目光,谁也不会在意锃亮的皮鞋下野草的呼喊。随着我对野草的认识深入,在走到家乡葫芦岭的益母草跟前,我忽然有种顿悟的认识,从苍耳、车前子等植物到益母草之类,发现每一种草都是一种药,而且对应着人类的肉身里里外外,从五官到四肢,到内脏,到血脉,无所不至。这野草还叫草么?我不能回答,我把目光投入到益母草丛中。

葫芦岭是野岭,野就野在岭高草茂,充满神秘的未知的东西。据说什么狐仙、古怪等均藏匿其中。所以草也就是野草了。益母草也不例外。为人父之后，当我从母亲口中得知这草叫益母草时，有种贴心贴肺、内疚与疼痛的感觉。我喜欢这直抵心肺的名字，没有故作高深的学问，没有生涩难懂的意义。这一点我是对李时珍的那个什么茺蔚感冒的。这些野草是属于民间的，也只有民间人才把这些草当回事，看得与自身的命运一样重，草民么！那些达官显贵、皇亲国戚哪在乎这民间的野花野草，人家有的是太医御医，命比金子贵。李时珍是知晓这草是为民间而生的，却偏给他起这么个文绉绉的名字，茺蔚。或许当时李时珍看到这益母草长得葳蕤，茂盛，葱茏，所以就其形命名吧。只是李时珍老人家这么一起，却拉开了它与民间的距离。

当然，起这么文学的名字，李时珍老人家不是第一人。最早的莫过于《诗经》中的记载了。在《国风王风中谷有蓷》中，郝然给了益母草一个更加奇怪的名字：蓷（推音）。是拒人千里之外，还是推着命运向前行走？我实在想不出这蓷与益母草有何联系？古人真是浪漫。然让我心生悲悯的是，早在几千年前，益母草就和一位母亲解下了缘分。"中谷有蓷，其干矣。有女仳离，慨其叹矣。……"扼腕叹息的是益母草从枯槁到衰败到烘干最后的水分，由鲜活到风干的枯草，消瘦的是形体，然诗中的那位弃妇啊，却要在时间的深处忍受着心灵的枯槁。这阳光的植物，可以医治好身体的疼痛，却无法换回丈夫归来的绝望之痛。我很难想象，在经年丈夫不归的日子里，那个弃妇是如何面对益母草采摘的？也许，她采摘的是一份苦苦执着的坚韧与希望。

我得知益母草名字很迟，这源于母亲对我的封锁。记事中，母亲每年常去葫芦岭采摘野草。做这些事母亲总是默不作声，在悄无声息中进行的。以致我和姐姐们总好奇地问这问那。每当这时，母亲就虎着脸，吓唬我们，小孩子家，话多，说完若无其事地走开了。童年时的家似乎是藏宝

乡村物语

地，家中土质的墙壁到处是窟窿，人工的窟窿，有的窟窿有小斗大小。那里面总是搁着不少棉布包裹的物什。我们趁母亲不在家，翻箱倒柜，意外发现竟然是母亲曾经采摘的风干的野草。每年都有，只是不知道何时有，何时又莫名地消失。说起母亲来，真是好奇怪。母亲没有什么文化，但是她对这些奇花异草、女红稼穑之事谙熟于心。就拿这些花花草草，藏着多少神秘？而直到婚后母亲才告诉我这草的名字：益母草，这对母亲有益处的野草。原来，益母草是一味医治妇科的草药，有活血、调经等功效。后来我才知道，其实成年后的姐姐们，母亲早就告诉她们了，只是我被蒙在鼓里而已。

　　实际上，我对益母草是熟悉的。在童年的葫芦岭上，我们多次相遇过，游戏过。只是不知道名字而已。那时的乡村少年没有游戏的场所，更没有什么好的书籍。只有一片无垠的旷野和充满神秘与未知的葫芦岭。我们的每日功课就是打猪草。我记得那时我总是跟在一帮女孩子身后，一起上山打猪草。不是我胆小，而是我实在不知道什么草猪吃，什么草猪不能吃。据母亲说，有的草会把猪给毒死的。那时的乡间女孩子好似母亲，啥都知道，女红也不在话下呢。姐姐们就曾会女红，纳出的绣花鞋垫，方圆十里都啧啧夸奖。姐姐们的鞋垫不仅上色，绣上花草，还绣上诸如爱、思念等字样呢。我就这样亦步亦趋地跟在本村女孩子们的身后，做起难堪的小尾巴。当满载一篮猪草，天色还早时分，男孩子们都满山满岭地玩耍，疯跑。女孩子们则窝在一树荫下，玩起"斗花"游戏。那紫红色的花瓣正是益母草花朵。我们惊诧于益母草的葳蕤。挺拔的身躯，以一棵树的形式伫立着，把层层叠叠的粉艳的花朵藏于怀中。女孩子们凑到益母草旁，采摘下一束束花朵，一朵朵叠摞起来，擎在手中，就是花卉的千层塔，难怪有人称益母草是千层塔，这不是空穴来风。实际上，益母草用内在的医药元素，止住女性的疼痛，是民间的菩萨，民间的守护神。

　　益母草，与我有脐血之亲，生死之亲。母亲生我，就是一场没有硝烟的战争，是不带兵刃却时刻充满生死的搏斗。素朴的母亲，极其普通，是万千农家妇女中的一员，却在生我之际表现出截然的另类。至今每次听到母亲说起往昔，一副不动声色，而我早已泪流满面。我这异乎寻常的母亲，居然听信民间的流言碎语，相信妇女怀孕期间，不能打针吃药，否则对胎儿颇有影响。居然冒着肚子的剧烈疼痛，忍着高烧三十九度之多，大把大把的头发脱落，硬是靠着一把益母草生下我。母亲说真是多亏了这把草。实际上至今我明白这是偶然中的必然。母亲不知道从哪里学到的中草药知识，年复一年地收集、制作草药，以备不时之需。村人对此不甚理解，有病还有乡卫生院呢。

　　这些话对母亲是不管用的。每年春天，母亲就开始留意其益母草了。野生在葫芦岭的益母草是母亲的理想之选。没有人工的栽培，依靠自然的阳光、雨露和水分，顽强地生长，她的药性就劲道足，疗效显著。母亲因为我们对益母草的亵渎很生气的。她总会从我们打的猪草中把益母草挑拣出来，洗净，不染一丝尘埃，置于阴凉处风干，再用纱布包裹，然后束之高阁。她做这事的样子，似乎就是一尊佛，不许我和姐姐们玩笑与嬉戏。男孩子是不能插手的，姐姐们偶然弄下也会遭到责备的。母亲说，这是女人的活计。我也见过其他母亲做过关于益母草类似的事，她们从益母草还在花骨朵时就开始采摘的历程。从野地里摘下来切成小段，放在簸箕里晾干。要是在乡间走上一遭，一定还可以看到稀少的人家再做益母草的劳作。那已经是很难得的了，估计也多半是上了年纪的老人家了，否则谁还会记得当初的益母草？她的香，她的花，还有那除去疼痛的汁液！

　　我想再多唠叨几句母亲的故事。说来令人不信，母亲斗大字不识一

个，却懂得了好多种药草，什么红花草治疗肿痛，陈年的挂儿可以治疗皮肤疙瘩，七星草可以治疗蝎子的毒液，还有槐树种子可以治疗痢疾……你很难想象，一位普通的农家母亲，却谙熟这么多的草药，不能不说是个奇迹。你还莫说，这些土方子用起来，效果显著，以后这一招就成为各家的传家宝。母亲居然被村子的人称之为土郎中，碰上什么疾病，首先就跑来问母亲。

母亲时常感慨，靠山吃山，靠水吃水。乡下人靠的只有这些小草了。乡下人的命是最贱的，贱到和这些野草没有什么两样。生就的草命，所以草就是我们的救命稻草。也许，这草里，有着母亲的无奈与伤感。其实，生于乡间，长于旷野有何不好？从都市里走过一遭的人，在醉生梦死之后，或许会识得真纯。一切繁华，衰败之后终究要回到尘土，回到有根有草的地方。人再高贵或者卑微，再华丽与朴素，不论庙堂与江湖，最终回到一棵野草的身边。恍然如梦，生命其实就是一棵以人字形的立体在世间行走，难道不正是一棵可以移动的野草？花开花落，无须忘形，一切皆自然之规律。活出一种草的味道来，活出原生态的生命状态来，有何不好？历经春夏秋冬，风霜雨雪，尝尽生命的真味，不枉一生。功名利禄，到头来如浮云，遮蔽双眼，迷失自我而已。

再好再贱的草药，最终只能治疗肉体之疾病，心里的疾病岂是草药能抵达得了？心药甚于草药。

桃花是咱村的怪女人。据说人是从西部山区逃婚出来的。没想到，从土坑里逃出来又落入火坑。在火车站遇上可恶的人贩子，最终几经辗转，流落吾乡，做了村里的女人。这是个对生命充满恐惧的女人，特别是对孕育生命这一人类传宗接代的事情无比畏惧。曾经正是拒绝对生命的孕育才逃离大山。

桃花说，我怕。生命的分割竟是充满着死亡与新生。她生下来的时候，母亲就死去了。长大后的她，目睹着山村里无数的女人在分娩的路口，撒手人寰了。隔壁堂妹花儿分娩时候，她就亲自在场，她亲眼看着花儿忍着疼痛，用牙齿咬断脐带……山区的女人，生命就是那大山上那些自生自灭的野草，得阳光就活下来，没有雨露则不幸夭折而去。

繁衍，这是人类赋予生命的责任。桃花最终妥协了。因为毕竟这不是山区，而是平原。桃花哪里知道，山区与平原，没有什么区别，这都是贫穷带来的后果。乡村的人家，头疼脑热的，不是与医院亲近，而是与遍地的草药亲近。落后贫穷的农人们，一辈子可以托付生命的，就是这些卑贱的草药了，他们还可以指望什么呢？与这些草药一起生长，落幕之后一同回归泥土深处。

十月怀胎。桃花分娩的那天，竟然重复生命的悲歌。难产。桃花丈夫不顾夜雨的滂沱，跑到我家找母亲出诊。每当这时，母亲总是很抖颤与慌张，不知道如何是好？虽对草药有实践，可这都关系着人命啊！桃花丈夫急哭了，救救桃花吧，否则桃花和孩子都没了。还是送去医院吧。母亲还是犹豫，毕竟这对桃花不公平，固然草药能起作用，可总得去医院生。桃花丈夫更加急切了，乡下人的命贱，哪有钱上医院？

母亲从桃花家回来后，伤心不已。带去的草药没能挽救住孩子，大人的命保住了。病愈后的桃花疯疯傻傻。

阳光明媚的时节，桃花总喜欢到野地里采摘野草野花。母亲时常见到桃花一个人拿着一株益母草，手摘着紫色的花瓣，一朵一朵地叠罗汉，口中一个孩子一个孩子地数着。母亲见了，再次感到心痛。为桃花，为草药，还有这草命。

往事如烟。让我再次对这些卑贱的草产生兴趣的缘故，不是分娩与命

运。而是对草与人的寻觅。越过疯长的城市，看着慢慢消失的野草，一丝苍凉沁人骨髓。是否有一天，人类连最初与最后的野草也把握不住，只剩下孤独的人类？所以，我开始纠缠着这些野草，企图揭开人类与植物世界的神秘联系。这茫茫草丛，哪一棵野草不是对应着生命的枝枝叶叶？似乎这些草类的存在就是为人类而存在的。

比如这益母草，在她的内心，隐藏着人类生育的密码。一种洋溢着母性的植物，为女性而生长、开花、结果，她是女性的守护神。

益母草，闪烁生命之光的植物。唯愿那些行色匆匆的人们，能停下脚步，采一束益母草，献给我的母亲和我的姐妹们。在血水深处，给她们一点温暖或者疗伤。

所谓幸福的人，是只记得自己一生中满足之处的人；
而所谓不幸的人只记得与此相反的内容。
——荻原朔太郎

第二辑

回望的符音

在村庄里，每一个鸟巢，每一声蝉鸣或者蛙声，背对故乡后，都会成为每一个流浪者回望的符音，成为生命力不可抹去的跳动，随着时间的深入，则愈加刻骨。而这蝉、蛙还有鸟巢，在渐行渐远的村庄中，似乎都蛰伏着思想，匍匐大地。

乡村物语

鸟巢

在乡间生活过的人都看到过这样的景观，在苍天旷野之间，一棵参天的大树，褪去盛夏的衣裳，站在冬季绯红的残阳里，擎着一个鸟巢，成为我们视线的落脚点。黑色的树枝，密密层层地叠加，形成了乡村圆形的思想，停留于乡村宁静和高远的天空。在高高的鸟巢下，是安详和谐的村庄、忙碌的人群。

我不禁思索，高处的鸟巢和低处的村庄，在冥冥中是否寓意着什么？

背对乡村，我越来越执着于故乡的含义，特别是田园式的故乡，为什么故乡情牵着无数古今游子的情愫和魂魄？

从城市回到故乡，看着在暮色里纷纷归巢的鸟儿，我感到莫名的惊悸，一群鸟正从我的头颅里扑棱棱地飞走了……

我不想矫情地叙述在走进城市之后的煽情，真诚地说，走进繁华的城市,是多少人年少的梦想,我也不例外。然而,随着时间的流逝,在城市虚华和浮躁、汽笛和水泥钢筋的膨胀、磨砺里,一种干枯的迹象似乎从身旁蔓延开来,生命的触角在冷漠的气体里,逐渐枯萎了。每个城市里的人,行色匆匆,越来越谨慎地钻进小楼,关紧防盗门,蜷缩在鸽子笼里,隔着玻璃审视着外面的世界。每到大雪围炉的冬天,金钱和机械包装的空调,在抵挡着我们的冷暖,而乡间熟悉亲切的烤火却成为了回忆……隔着城市迷乱的灯火,我体验着一种精神的坍塌、生命的枯萎和无助的流浪。

仰视天空,解读着故乡枝丫上的鸟巢,温暖的质感里,生命又一次地找到了生根、发芽的土壤和温床。我如鸟儿般徜徉在故乡的时空里,曾经熟识的一切都向我扑面涌来。

门前,泛黄的干草垛、圆形的落叶堆、空旷的乡场还有稻田沟涧,藏着多少甜蜜的往事。在月色融融的夜晚,少年的我们一起卧在散发着香气的稻草上,吮吸着秋天成熟的气息,享受着喜悦的金秋。赶上阴雨的季节,我们就会从家里找到父亲捉鱼的工具,一种叫虾笼的渔具,置于流水的下游,不出一顿饭的工夫,几斤鲜鱼就捉到了。回到家,在母亲的侍弄下,典型的小鱼锅贴,不知要迷倒多少食客!

要是赶上农忙,那家里的牛啊羊啊的放养,就会落到我们这些上学娃的身上。我们骑在牛背上,行走在绿色的田野里,眺望着河面上往来的白帆,那远行的帆樯,勾起我们多少少年的梦想。累了时,就让牛自己在山坡上吃草,我们则自己躺在草地上,仰望着天上的白云胡思乱想,多少年后自己会怎样呢……天地间只有耳畔的风声。

物质的乡村,诗意的乡村,丝绸般的乡村,包孕着我们多少耐人寻味的东西啊!那些醉心的事儿,曾经那样靠近我的手、我的脸、我的脚还有我们的心灵,直抵达到灵魂的深处。最让我感到激情的是,春天的原野

上，我走在生机勃勃的阡陌上，一抬脚，就是一撮绿，滋滋地从我的脚后跟冒出来，我整个人也仿佛是一棵绿色的植株，从无边的大地上长出来，长成了村庄四季守望的背影。此时，我总会一阵震颤，惊异大自然原来可以这样的壮美，乡间竟蕴涵着无尽的神奇和魅力。

信步故乡，我默读着她的一页页文字，春天的打猪草，夏天的捕知了、钩槐花，秋天的捡稻穗、逮野鸡，还有冬季的掏麻雀、堆雪人；其间，还有湖里那绿色的芦苇荡，幽深的树林和充满神秘的葫芦崖……我越来越深刻地体会着故乡给予我的东西，使我多少年后离开她时，我才发现自己的瘦弱、寒冷和幼稚的理想。在外面钢筋水泥的磨炼中，我失去了触角，染上了冷漠、孤僻，还有自私；走过街头，看不见满眼的生长，都是琳琅满目的商品、喧嚣的叫卖和赤裸裸的名利啊；从乡村带来的泥土、根以及翅膀统统在时间的吞噬中消亡了，只有赤裸的灵魂、褴褛的衣服、麻木的思想……

直到有一天，我外出归来，脚踏着暮色，急匆匆地行走在寂寥的大街上，两边是从不知名的角落里传来歌手多情的倾诉。恍然间，我读懂了故乡，读懂一种叫家的定义，追逐到最后，最真的家，竟然不是城市的鸽子笼，而是草木的故乡啊。那山，那水，那熟悉的鸡鸣狗叫，散发着芳香的炊烟，缠绕着我少年欢乐的乡场、河流，还有熟稔的菜园，父亲的锄头、母亲的针脚……故乡的枝枝蔓蔓、零零碎碎，一切的一切，原来都是孵我的鸟巢，所有的往事都搭成了故乡怀里的巢，在时间的深处，等待和守望着漂泊的我回来。

一棵草可以叫故乡，一条鱼可以叫故乡，一片落叶也可以叫故乡，哪怕天边飞舞的苇絮啊，都是故乡的面庞。丝绸般的故乡，是我的鸟巢，而我只是故乡的一只小小的鸟。生命的翅膀，属于淳朴的村庄、碧绿的田野

第二辑 回望的符音

和任意舒展的长空。

　　如果生命可以分为两份的话，物质的也许给了城市的喧哗，而属于灵魂的重量啊，恐怕只会向往着故乡的鸟巢了，因为那是翅膀的方向、命里的天空。

在任何不幸中都隐藏着幸福，我们只是不知道哪儿有好事，哪儿有坏事。

——葛奥尔吉乌

泥土

对于乡村里走出来的人来说,一粘上乡土气息的物什、植物等,总有种命里的熟悉和亲切,仿佛那扇记忆之门瞬间轰然洞开,让我一眼就望见曾经生于斯、长于斯的村庄,生命大树的根须就延伸开来。

面对他们,我总是充满着一种敬畏和神圣的感情,简单朴素的模样,喂养了一代又一代人。乡村的祖辈与父辈们,也许在时间的旷野里,向我们展示的是生命中的恬与美。在褪去一切繁华与芜杂的田野上,上演着赤裸的人生。

深秋霜降过后,我回趟老家,与父亲促膝谈心,要不就和母亲烧烧饭菜。我完全没有注意到那不大的菜园。乡村,在经典的记忆里,就是简单与纯朴、丰富与空白组合的中国画。彼时之景,苍白的是天空,暗淡的是深褐色的林子,昏黄的是或大或小的稻草垛,最富有情趣、耐人寻味的是那悬挂在西天的残阳了。余晖透过光秃秃的枝丫,在屋墙上挽留着淡淡的色彩,仿佛父亲的脸庞。日落西山,恐怕就是这样的光景吧。翌日清晨,当我从木床上起来，在早晨阳光的暖照下，再看母亲的菜园，一种生命滋润的情景扑入眼帘。菜园里种上些白菜、萝卜，还有零碎的葱、蒜，特别喜人的是，成熟的白菜和长得硕大的红萝卜，在露水的浇灌下，晨晖把他们映衬得非常鲜嫩，一种张扬生命的力量，完全呈露出来，夹杂着泥土的秉性，湿漉漉的泥土，肥肥的蔬菜，诗意的篱笆围成的乡村一景，让我为之倾倒。母亲竟把乡村的生活收拾得如此诗意和灿烂，菜叶那葳蕤的样子，宛如母亲绽开的笑容。他们烙印在我心田里，一生也忘不了。

这是乡村里常见的情景，于我难以消化。又如父亲在空旷的田野里，手握着锹在行走着，或父亲蹲在田间地头，点燃一冬的思绪，眼前是碧绿的麦子。冬日的乡村异常安静和清淡，一切动物似乎都默不作声，或者没有了往日的声响，就连鸡鸭鹅之类都吃饱回窝。而在外站岗的，就是那大串大串的玉米棒子。乡间丰收的玉米棒子，农人无法一一颗粒归仓，就拉开玉米的苞衣，对系挂在屋旁的大椿树上，一字排开，宛如龙般蜿蜒着。屋檐两边，一边一行，整个玉米棒子，在冬日的门楣旁，恰似乡村日子的守护神，给寒冷的冬日增添几许温暖。也许，冬天在他们的守卫下，日子服服帖帖地走上灶台，化作袅袅的炊烟。

这些关于乡村记忆的碎片，不胜枚举。每一零星的场景，都牵动着乡村的寓意和哲语，我们的思索只会让村庄更加诗意和深厚，博大和陌生，到最后，我们都会在思考里迷失了乡村。

或许，我们就像是乡村的物什，母亲手中侍弄的、最简朴的土豆、萝卜和白菜，躺在乡村的怀抱里，无须思考、说话和其他，只要记住我们的根、叶长在泥土里，灿烂在朝阳里就行了。

为人类的幸福而劳动，这是多么壮丽的事业，这个目标有多么伟大！

——圣西门

  俄国作家巴乌斯托夫曾说,每年冬天,他总要到列宁格勒的芬兰湾,看霜,芬兰湾的霜,全俄国最好看的霜。我心一惊,霜有啥好看的?搜索记忆的链条,岁月里印象最深的烙印,则是乡下的秋霜。

  我和霜相遇在那个记忆的清晨。秋收过后,旷野空阔静谧,村庄树木萧条。当我走出丰收后农人的酣梦之外,漫步在村落时,一些白花花的物什洒落在地上,粘湿在成熟后被遗弃的稻草上。泛着寒光的霜与逐渐枯萎与衰败的稻草,在空荡荡的时间里,构成我内心莫名的悲凉。

  天空无言,从苍茫里落下寒冷的霜,聚集在大地的内心。作为沉默的泥土,刚刚经过一番生死厮杀、农人把搬回家之后,季节馈赠给它的竟是这漫天卷地的、一层层淡淡的白色的霜了。一种苍凉的气氛马上袭裹了我。

霜降一到，万木苦寒，耷拉着脑袋，卧伏在蜿蜒的阡陌上，满野满村狼藉的样子。这时，我乡土的父亲，总会从散发着牛粪味道的屋里来，穿着件去年的蓝布棉袄，肩背粪箕，走在清晨五点的乡路上，一团团牛粪，就是父亲早晨最好的太阳。牛粪拍成圆形饼，晒干后，那就是冬天上好的燃料了。

这是我对霜以及霜的情怀最乡土的记忆。

让我不能自已的是，就是这普通常见的霜，竟粘满诗行，令人浮想联翩。

最让人痴情的是那首《蒹葭》，"蒹葭苍苍，白露为霜，有位伊人，在水一方……"心神往之，是否在披红挂紫的秋天背后，我们才眺望到远方的佳人？恰如《西厢记》曰："晓来谁染霜林醉，总是离人泪！"

查阅词典，原来，霜，不只是个简单的名字，如霜毫、霜鬓、霜蓬、霜雪、霜碾、霜草、霜女等词语，我最喜欢霜草，因霜而枯萎的草，就是俗称的相思草，而霜女，指的就是梅花。

究其看来，乡间的霜，宛如乡下的植物，与荷、梅等无异，蓬勃在岁月里，虽来自天堂，却栖于民间。你瞧，"停车坐爱枫林晚，霜叶红于二月花。"没有霜的滋润与拷问，哪里有燃烧似火的枫林？一团团深秋的火焰，是整个冬季的暖温。

霜，冷中折射出火的情愫、火的思想。宋人范仲淹在《渔家傲》中云，"羌笛悠悠霜满地，人不寐，将军白发征夫泪"，这是霜对边关将士们悲壮的安慰与怜爱；今人毛主席在革命年代，"独立寒秋"，留下了"万类霜天竞自由"、"长空雁叫霜晨月"、"寥廓江天万里霜"等经典霜句，也写下一位革命家的胸怀与壮志。

霜，是一种精神，是一种品格，更是一种超脱与清澈的修为。

乡村物语

从沉思里走来，父亲背着满满一粪箕的牛粪回来了。

父亲说，今早霜降，真是好兆头呢。

好兆头？我纳闷。

父亲哈哈大笑，庄稼和人一样，也要休息。这霜降一来，庄稼就休息不长啦；实际上也不是不长，是他们在为来年的春天积蓄力量呢。俗话说，霜早赛刀，霜晚赛烧，就是这个理儿。

父亲望着眉头紧锁的我说，回家歇歇吧，等着春天来到吧。

抬望眼，我又看见了霜，一羽别在父亲额前、渐渐消失的白霜。

> 如果工作对于人类不是人生强索的代价，而是目的，人类将是多么幸福。
>
> ——罗丹

湿地

笔会期间,主持人热情洋溢地对大家说,在尘世喧嚣之外,让我们一起去领略一下被美誉为遗世独立、羽化登仙、人间仙境的洪泽湖湿地吧。我深感诧异,作为五大淡水湖之一的洪泽湖,记忆里更多的是烟波浩渺,是水天一色,还有那舟楫往来、鱼虾欢跳、日出斗金的恬美,是苏北的母亲湖。生活在大湖之畔的人,谁知道还有一片"养在闺中"的风景?

驱车路上,心也一路颠簸。昔日"西藏"的苏北,随着时代的发展以及紧张快节奏的生活,人们在经济的路上挖空心思,寻求致富的机遇。没想到,却有一闲置的土地,在时间的水面上静默。透过车窗望去,密布如织的是方方正正的螃蟹塘,分割着湖水的波澜。脚下的每一片土地,每一道河流,似乎都布满了经济的目光。我猜测,或许这样的一块湿地,只不过是"小家碧玉",是文人的"柏拉图",是文化人对回归大自就返璞归

真的渴望。看看身边的城市楼阁，花儿在花盆里盘根错节，小鸟在鸟笼里飞翔，鳞次栉比的水泥森林代替了绿意盎然的参天大树。曾经翠绿的鸟鸣、浓浓的绿荫，都移植进课本和插图中了。萎缩的绿色，冷漠的生命，生存的空间里日益充斥着浮躁、不安、焦虑和炎凉的世态。

　　车驶入湿地边缘，随众人一声惊叹，把我所有的想象瞬间化为齑粉，转而带给我们的是莫大的震撼，洪泽湖湿地，宛如从天上遗落人间的碧玉，是大自然对动植物的垂青，是人类洗礼生命的心灵之原野。

　　清澈明净的水波夹着绿意，沿着野草丛生的两旁窜来，从很远的湖面滑来几只不知名的鸟，时而停息，时而飞翔，仿佛在引领着我们。当它平静地出现在我们眼前时，一文友惊呼道，看，那奇特的鸟！那神情，仿佛我们只在图画上欣赏过她的倩影。原本应与人和谐相处，同在一片蓝天下的鸟儿，如今却远离了人类。是鸟的错？还是人的错？渐渐地我们靠近了湿地，映入眼帘的是无边的芦苇、杂草地，高高低低地，蔓延开来，天地间，一切属于烟火的气息都消失了，只有鱼儿跃水的声响，只有苇荡间啾啾的鸟鸣，万亩荷花的清香隔着粼粼的水面飘来，令人心旷神怡。瞬间，尘世的名利纷争、尔虞我诈，都灰飞烟灭了，此刻求得的就是生命与自然的相通，在四季里自生自灭，不需鲜花，也不要机械式的掌声。耳畔不时鸣叫的声音，竟洪钟大吕般抵达心灵的坎儿；清晰，爽心，还有几丝甜甜的、翠绿的涟漪随波追逐水底的云彩。我注视着忘我的芦苇，不论高贵低贱，独守这片难得的宁静。在暮鼓晨钟里，看大湖舟楫穿梭，忙碌不停。记得一禅师问弟子，湖上帆几何？或名或利，两张帆，仅此而已。然芦苇不知得失，人却不如苇也。

　　随行的朋友告诉我们，洪泽湖湿地，占地23万公顷，生长着2万多亩芦苇，栖息着194种鸟，其中不少是国家一级保护鸟类，如黑鹳、白鹳和丹顶鹤等，属于国家二类保护鸟类的有鸳鸯、白鹅雁、灰鹤、啸声天鹅、赤腹鹰等26种，意义非凡。此外，还有上百种植物，构成湿地生态保护系统，许多珍稀濒临灭绝的鸟类也都在这里繁衍、生活。当地的环保人员为了确保生态环境的平衡性和多样性，人工种植了近千亩的荷花塘，从美洲引进了红、黄、白等色彩各异的王莲，湿地附近搭起了鸟棚，或许喂食、或许保护。人类曾经的任意破坏，到今天却百般呵护。世间真是变化无常，世事难料。

眼望着随风起伏的芦苇荡，眺望着草连天、天连草的湿地，一种幸福的崇敬涌上心头。我是羡慕这些生于斯、长于斯的动植物啊！他们活得轻松、活得自由、活得自然。这里的一切都打着原始的面孔。来自于自然，终结仍归于自然。据说，就是这漫天的芦苇，没有谁来收割，任由自生自灭，这是他们最好的选择，他们活得是生命的一种悠闲的境界。瓜果飘香，菊黄蟹肥，精彩是别人的，自己独守着生命的原始和内心大彻大悟后的豁达。

我完全被洪泽湖辽阔的湿地所震撼了。这是家乡的一大幸事，也是无数动植物们的幸事，这是它们生活的天堂，也是生命的天堂。在这里，它们找到了大自然的生态，感受着来自自然的翱翔和奔跑，感受着生命本来驰骋的时空。值得人们庆幸的是，居然不经意间的遗忘或忽视，竟造化了这样一段风景，给了千千万万只动物们休憩的理想乐园。这生命自由的空间，对都市人来说，该是何等的羡慕和渴望啊！都市霓虹灯闪烁，夜行者昼夜奔波，像一架机器高速运转在时代与生存的链条上，焉能享受这"偷得浮生半日闲"的快乐？生命的触角只能在钢筋水泥的森林里萎缩了、枯萎了、干结了，化作薄薄的一张纸，人情似纸。

从洪泽湖湿地归来之余又涌上怅惘。一条崭新的小路，随着车辆掀起

的尘埃，像一把利剑，直刺湿地的心脏，还有那正在修建的曲桥、水上宾馆、餐厅以及几个高远的观鸟台。我不知道，人类对自然的崇拜似乎就是近距离地阅读自然，走进自然，一定就要以破坏自然为代价呢？现在的周庄是也，湿地是也，或许再假以时日，随着更多的游人和建设、开发，恐怕到那时湿地就会变成了普通的大草塘了，"众鸟高飞尽，孤云独去闲"。原本充满天然乐趣和野性的湿地就这样渐渐地消失了，再相见的或许只有无数慕名而来的游人了。

为一只鸟的幽梦或一株小草上的露珠，还有属于生命自由成长的那份无言的壮美与闲逸，因为美的风景藏在路上。

良好的健康状况和由之而来的愉快的情绪，是幸福的最好资金。

——斯宾塞

第二辑 回望的符音

听蛙

在我生命的词典里，我一直把青蛙与江南联系着，似乎它是江南的音符，带着江南的水气，湿漉漉的雨林气候，行走在乡村。它那通身的碧绿，有规则的花纹，在一声吆喝中，一个箭步，跃进水中，溅开了一朵晶莹的水花。接着，它准会从水底浮出水面，睁大着气鼓鼓的眼睛，在不远处窥视着你呢。

欣赏蛙鸣，最好是夏日的夜晚，没有明月的夜晚，天穹上只有三三两两稀疏的星辰，这时，村庄的外围，长势喜人的稻田，恰逢灌浆抽穗的时机，高高的秧苗，已经开始怀孕了，将要走进秋天的粮仓。我记得纳凉的晚上，一家人拖着凉席或者凉床，在空旷的乡场上，躺在粮囤的中央，四围是高高的麦垛，以及弥漫着清香的麦秸秆气息。刚入夜时，从葱绿的秧林里传来一声、两声的蛙鸣，叫声清脆、湿漉漉的，接着一小群，不一

会，整个夏日的秧田，一片蛙鸣，此起彼伏。声音如鼓点，敲打在夜晚的庄稼上，敲打在小村的丰收曲里。

此际，我辗转反侧，而父亲却酣然熟睡。父亲说，庄稼人听这声音，心里格外安稳呢，听，那是好收成的预言啊。我不禁想起南宋词人辛弃疾的词句，"稻花香里说丰年，听取蛙声一片"，原来，这阵阵蛙鸣，是来自丰年的议论与抒情，这声音是乡村最优美的音乐，只有庄户人家才能深刻注释它的内涵。

蛙声如鼓。在我看来，它们穿梭在水汪汪的稻田里，张开大嘴，满怀心事，在夜晚的中央，应和着天上的星辰，尽情地歌唱。蛙声不就是一棵棵生动的庄稼？庄稼人有了它的声响，才找到日子的准绳，从它们的鸣叫里，庄稼人体会到秧苗那疯长的劲头，这蛙鸣的声音，就是秧苗在时光的旷野里拔节的音符。这绿意的鸣叫，让我也不知不觉变成了父亲原野上一株别样的庄稼，鼓胀着心事，开始拔节、灌浆、绣穗，赶赴秋天的黄金盛宴。

现在，蛙鸣稀疏，特别是居住在城市的丛林里。在贫穷的日头里，庄稼人也糊涂地捕捉过青蛙，放在城市食客的餐桌上，成为在距离庄稼之外最美味的佳肴。那来自泥土，在泥土中长大的人儿，如何咽下这乡村最忠诚歌手的血肉？而居住城市的我们，又何尝不是一只只流浪的青蛙？远离故乡之外，在陌生的城市稻田里，寻找人生的春天。我们是否如它们一样，在时光的深处，在生命的追逐里，做一名乡村忠实的歌手，演奏民间的悲欢？

走进城市，我们这些乡间的青蛙，便失去了自己的声音，乡土的气息在城市的砥砺里一点点消失，直至冷漠与麻木，游离在季节之外了。而模糊的视线里，逐渐矮下去的是那棋盘状的稻田。

"今夜，我愿做一只流浪的青蛙，回到故乡，加入到他们的合

 第二辑 回望的符音

唱……",一位江南诗人在夜晚里写道。繁华的都市中,我们都还记得哺育着一群群黑色的小蝌蚪的童年小溪?还记得远方的故土?

今夜,零零落落的蛙鸣里,不知道哪一声是你的,哪一声是我的,朝着故乡鸣叫……

人类幸福的障碍是:民间风俗、宗教偏见和生存竞争以及相互间非人性的事。

——路巴哈

听蝉

蝉在我认知的世界里，似乎就充满着神秘或者某种暗示。我一直以为，它在泥土的黑暗中隐藏着什么哲语，出现在我生命的童年里，以高亢的姿态向天歌唱。读过小说《荆棘鸟》，被那震撼人心的故事所吸引，那份一息尚存就奋斗不止的精神感染多少世人？

偶翻《昆虫记》：蝉从幼虫到成虫，要在黑暗的地穴中韬光养晦 4 年，从卵到成虫，竟然要辗转 17 年！黑暗给蝉黑色的躯体，它却用来歌唱光明。

蓦然惊之。在动物的世界里，蝉竟然和那荆棘鸟一样，在各自的旷野里张扬属于自己的生命姿态。

黑暗里，一只童年的蝉，从我乡村的门前走过，走过稻草垛，走过炊烟，走过低矮的屋檐，还有我少年自卑的空地。在它的身后，留在我视野里的是蜿蜒出的遥远的地平线。

　　童年里，找蝉就是我们夏季里最幸福的主题活动。如果天晴，我们可以选择有月光的夜晚，手拿一个照明工具，沿着树林梭行寻找。你会发现，在通向大树的路上，或者抵达高高的枝丫上，为了找寻个安稳的蜕变场所，多少蝉奔赴前进？来不及抖落身上的尘土，就一头潜行在黑色的夜幕里，身旁的每一丝月光，都是胆战心惊的光芒，勇往直前，执着于那飞翔与鸣叫的瞬间。天亮以后，留下的只是空空的躯壳，而灵魂与思想早已栖上了枝头与蓝天，乘坐着歌声飞向了远方。要是天公不作美，那又将是另一番景致。下雨的夜晚，正是蝉钻出泥土的时辰。雨润泥土，松软了僵硬的泥土表皮。在泥土深处的蝉就开始活动了。蝉蛹爬近洞口，它伸出坚硬的挖土工具——一双大钳子，朝着光明与理想开凿。一开始，泥土的表面还没有动静，接着不久就会露出一针眼大的小孔，渐渐变大，到最后，一个大拇指大的洞穴完全暴露出来，然后蝉就从洞里面爬了出来。很多蝉爬到树的半腰间，就迫不及待地开始蜕皮。这脱下的壳儿就叫作蝉蜕。

　　清晨，我们这些爱蝉的小家伙总能从树上收获很多的蝉蜕。

　　对于蝉，食客者众多，且渊源流长，我总无法下咽。《毛诗陆疏广要》云："盖蜩亦蝉之一种形大而黄，昔人啖之。"北魏的《齐民要术》中对蝉的烹食法就有记载："蝉脯菹法：捋之，火炙令熟，细擘下酢。"达官贵人吃蝉很讲究方法，先将幼蝉入沸水中，即出阴干，制成蝉脯，以备配菜，可做成各种美味佳肴。而农人则将幼蝉先放进盐水中，一是让蝉吐出泥土气和脏物，二是天热拿到市场卖不致变质。

　　席间，我始终张不开嘴巴，钟情于那蝉蜕。蝉蜕很有药用价值，收集多了，卖给药材贩子，可以获得一笔不菲的收入呢。骆宾王在《在狱咏蝉并序》中写道，蝉"有翼自薄，不以俗厚而易其真"。"故洁其身也，禀

乡村物语

君子达人之高行；蜕其皮也，有仙都羽化之灵姿。"蜕皮是一个成年的仪式，这不单单是蝉蛹的羽化，更是与蝉蛹一起被深埋在地下的岁月的羽化，而蝉蜕则是岁月的见证。

蝉诗云："居高声自远，非是藉秋风。"的确，蝉歌声幽远，不是凭借高树与秋风的。"垂绥饮清露，流响出疏桐。"蝉居高处，非小人得志，占据高位，而是为了饮那晶莹剔透的露珠（也有人认为蝉吸食树汁液）！食之甘露，身体是洁净的，灵魂是清白的，那撼人心魂的歌声也是纯洁的，宛如天籁。微小的身体蕴藏着巨大的能量，整个村庄听见它的歌声，整个大地听见它的歌声，甚至这个喧嚣浮躁的世界。

歌声走多远，灵魂就走多远。"垂绥饮清露"，似乎蝉本身就是一滴露珠？一滴会唱歌的露珠，响彻在岁月的深处。

蝉，乡村的歌者，大地的歌者，短暂的生命光阴里，为我们留下的是永远的歌声，不管我们有没有听懂。蝉为我鸣，什么时候我们也能为它歌唱？大江东去或者小桥流水，委婉连绵、热情豪放或浅吟低唱，毕竟我们吼上几声了。

人生岂能无声无息！

如果他们懂得利用大自然的方法，那么所有的人都能得到幸福。

——克劳迪安内斯

第三辑

被遮蔽或消失的石器

石器，笨重的石器，一旦与农人、生存联系起来，日子就有了重量。农人，几千年来，就是用赤裸的体温暖热原野、石器和深邃的农历。我以为，这些石器，就是农人对抗生存的坚硬的骨骼，是他们生命完结的琥珀。

石磨

石磨,它最初的名字叫䃺,早有人在汉代就给它起好乳名。

石磨与碾子是有区别的,碾子靠压力挤压,而石磨靠的是青黑色的齿,它由两扇圆形石头上下榫合而成。下面那扇石磨固定在一个石制大磨盘中央;上面那扇石磨上沿,凿有两个小洞,洞里套上绳子,绳子用来把磨杠(一根粗细合适的棍棒)和磨结合在一起,借助牲畜、人力等外力推动石磨绕着下扇磨上的轴转动。磨面的时候,倒在石磨顶端的粮食,顺着磨眼流进隆隆转动的两扇石磨中间,纵横交错的磨齿不断转动研磨,越来越碎,最后从磨齿中流出,绕着下扇磨齿落在磨盘上边。漏下来的就是面粉,箩里面的碎粮再放到上扇磨顶眼里,重新研磨,麦子最终变成面粉和麸皮。富裕人家磨面,只磨三遍,穷人家次数要多点,虽然面粉粗糙些,总比没有吃要好些。

第三辑 被遮蔽或消失的石器

我对石磨并不陌生，苏北的乡间里依旧保留着石磨笨拙的身影。失去牙齿或者风华的石磨，则像位沧桑的老人，被遗弃在乡场的一角或者被农人当作挡水的石块。这是最后的归宿了。谁看见当初意气风发的滚动？谁看见那挥斥方遒的风采？风知道雨知道，就连天上的云也知晓。只是，万般风云都隐忍在日益粗糙与风化的路上，直到成为乡村农具中的琥珀之一。这悲凉凄惨的场景，则与乡村里那些老人般，在西去的残阳里，逐渐佝偻着身子，直到弯到泥土里，成为一堆凭吊的黄土。而这些石质的农具走后，谁会陷入回忆？谁会陷入血与汗的炼狱里？

背对农具，我们就会渐渐迷失对昨日农具的抚摸与珍藏。走进乡村，面对老态龙钟的石磨，我思索着这来自深山里的石头，经过匠人精心神圣的雕琢，就多了几分神秘与凝重。劳动者？思想者？是冰冷的石头？还是横着的墓碑？一切都在默不作声中。四季风雨，不语；冷暖人生，不言；仿佛乡间的万事万物都笼罩在它那周而复始的轮回里。

而我要说的磨就是需要人力或者牲畜带动的面磨，也就是旱磨（相对而言，磨有旱磨与水磨之分，笔者以为旱磨是血液流淌出的日子，而水磨是河流浇灌的日子，各有沉重与沧桑的汹涌）。它与母亲有关，与生存有关，碾压在时代的河床上，艰涩与困苦化为齑粉。

村庄东头，在饥饿的深水里，它是一块属于六七十年代的高地，是乡村的磁场。多少慈祥勤劳的母亲愿意在这停留，目睹着白花花的面粉从磨上流淌下来，那雪白的亮光，吸引多少炽热的目光。她们只好使劲地把孩子揽在怀里，强硬地摁着头离开。

那是一间牛屋，黑乎乎的墙壁，瘟烧的气味，土制的山墙上，沾满了灰尘，最有生机的是那扇土窗户，穿进来一缕微弱的光亮。草苫的屋顶内，依旧是黑乎乎的。石磨就驻守在这里，黑暗中的守望者，等候农人？

等候那饱满的麦粒?还是守望着乡间的收成?它的冷清就是庄稼的歉收?它的忙碌就是田野的丰收?石磨的脸庞是模糊的,走近或者远距离地打量,只能感受那蜷缩着的两行牙齿在磨砺着岁月的土疙瘩,把五谷搬入农人的面缸或土瓮子里。

母亲比我更渴望。父亲是生产队里最吃力的人,他把土地当作黄金劳作,白天夜晚搭上命里的勤劳与挣扎,把汗水撒在并不肥沃的泥土里。父亲无言,没有文化,不会对着苦涩的日子说出什么。即使成家时,守寡的祖母只能给予我父亲一间茅草屋。父亲的回答只有双手还有血汗,只是那血汗里还有母亲的含辛茹苦。

父母亲很疼爱我们,在那贫穷与饥饿的岁月里,他们只有一句最朴素的话语。每次走过磨房,母亲幽忧地抚摸着我,等过年了,娘磨面蒸糖馒头给你吃。我和母亲的目光都很长,长到走了很远还丢在那间黑屋子磨房。

磨房是教堂,是一座没有牧师的教堂,没有诵经声和喧哗的时空。饥饿的时候,总喜欢幻想那白花花的面粉从磨膛里溢出来,像小溪,像瀑布,渐渐地,一座座雪山耸立着。我大声呼唤着母亲,面粉要漫了啊!母亲总会走到我跟前,用枯瘦的手掌抚摸着我,叹息,忧伤。我知道,麦子离我很远,母亲离我很近,饥饿也离我很近。离我最近的是血、肉还有身上稚嫩的骨。

严冬迫近。母亲检查了家中的土瓮子,在吃腻了粗粮和野菜的日月里,的确需要那白花花的面粉。母亲破天荒地露出笑容,儿,明天晚上咱家也去磨面。听到母亲这个消息,我一时不知道说什么,就觉得忽然自己飘了起来,升上了空中,身边有快活的小鸟儿,还有雪白雪白的云朵。那一整天,我手脚都不听使唤,不时地就往磨房去看看,看有没有人家在磨面,明天晚上会不会有人家挡在我们的前面。母亲呵呵地笑,不要那么担心,咱家是约好的。要是咱家有头驴就更好了。驴是磨面最好的牲畜,灵活且有耐力,只要给它一块抹布把眼睛蒙上,它能磨一夜也不会停下来。母亲这么一说,我又有点黯然,母亲拍着我的肩膀,那就不重要了。

这是多年前刻骨铭心的记忆,更是我一生里最伤痛与遗憾的夜晚了。那天黄昏时分,我和母亲推着手推车赶到了磨房磨面。没有牲畜,母亲就自己磨面,缺乏营养的瘦弱身子围着磨台一圈圈地转着,不时把漏下来的一粒麦粒拾进磨膛。然而,我不能饶恕自己的是,那夜我竟然睡着了,在磨房的草垛上。当我醒来时候,母亲已经快把磨膛清理干净了。白花花的面,宛如屋外漫空飞舞的雪花,都踏实地躺在母亲精心准备的布口袋里,似乎一冬天的寒冷都收拾干净,剩下的就是温暖的春天了。临走时母亲还特地给磨膛里留下不少面粉,让我大感不解。多年后我明白了这是母亲对石磨特别的犒劳与敬畏。

至今看来,不就是一只石磨?需要那么苦苦地守候与忠贞的敬畏?它和那些粗重而笨拙的石臼、米碓、土砻等一样,是石头家族的"兄弟姐妹"们。它真的有那么沉重与神秘?在农家的屋檐下,占据着极其神圣的位置。逢年过节,父亲总要嘱咐我拿着福字,跑到村头给那皱纹丛生的石磨贴上,年迈的祖母还会上香祷告。如今,那笨重的石器在岁月的洗礼里早已消失于远方。可是,从那个年代走来的人,谁又会忘掉心头曾经的沉重与苦涩呢!

在乡村,石磨是大件物什,是日子的守护神。乡村姑娘出嫁,细心的娘家人总要给闺女准备盘石磨。一副簇新的石磨系上红绸缎,就可以大大方方地陪着她嫁出去,这已是大户人家最好的嫁妆。寻常百姓家哪里陪得起呢。有磨的人家,就有幸福的日子在守候。生活,就会在石磨牙齿与牙

齿的碰撞中得到捍卫。

石磨是母性的,与乡间的女人相依为命地在世间走几十年,直到女人累了、老了,两鬓的黑发成为落下的白花花的面粉,再也迈不动人生的脚步,就永远地歇下来了。但石磨却还在寂寞地转动,不疾不缓地"咕隆隆"。直到也有一天,石磨也老了,牙齿也秃了,再也磨不出面粉来,生命的圆圈也许才有个终点,那走不完的路才有个尽头。它们消失了,可是留给村庄的,是烙印的记忆,是昔日生存与生命搏斗的伤痕。

"磨尽千年沧桑事,寄予满腔忧患心"。石磨,另一种意义上的庄稼缔造者,与豆类、谷物或麦子同一个嗓门,一起哼唱着关于阳光、雨露和农事的歌谣,那沉重的声调里,饱含着泥土与青草的气息,充满了人间烟火的味道。几千年来,它用慈母般的心思把粮食嚼碎喂养着人类,喂养着那个饥饿的年代。曾经寂寞守卫在乡村一角的天空的石磨,是农人用阳光、汗水和粮食凝聚的农具,它厚实、负重而又历经沧桑。如今,人类长大长高了,还长出了自己的牙齿,唯独石磨没有了自己的牙齿。人类长出的牙齿是为自己咀嚼,而石磨的牙齿为人类咀嚼。

历史就是用血与生命涂抹的史册。这些笨重粗糙的石器,就是史册最沉重的字脚与音符。在乡间,一盘大石磨就是一座安抚生命与灵魂的大教堂,一尊人类心底顶礼膜拜的佛像,需要我们用一生的时间去反刍。

>>>

人们都追求幸福。和平,只有她是这个地球上最接近幸福的捷径,并且是谁都能得到手。

——希尔泰

第三辑 被遮蔽或消失的石器

碌碡

乡间最古老和原始地农具，如今在我们日常视野里，如哲人般守望在乡场的一隅，孤独地思考着，仿佛乡村所有的深邃都凝铸于一块沉默的石块了。我时常感觉到它的偌大的沉重。它是泥土的结晶，是农人坚实的脊背，粗壮、厚实。

碌碡，取自大地的精粹，以石质的实体，圆形的思想在乡场上盘亘，肚大，两头稍小，似乎包含着庄稼的结晶或者隐蔽着无法倾吐的秘密。终日里，围绕着村庄、庄稼和乡间的日月，作不倦的游走、解读，把粮食呈上，把平坦呈现。这是碌碡唯一留给村庄或者农人的线索。对于农人而言，血肉相连的物什，石头制作成的面孔，圆柱形的身材，一排排整齐的手掌，在金黄的日子里，她是土地的碑，烙印着日子的沧桑，是文字，记载着农人的春秋。

我惊诧于这样笨重与简陋地农具。我无法猜测她的前世。只是感受着无言的碌碡，蛰伏于乡间。在现代化都市逼仄的空间里，她到底在捍卫着什么？抚摸她，总有一种隐隐的疼痛从远方传来。这有着齿轮的碌碡，在大地上滚动的时候，对着麦秆、稻穗等露出锋利的齿轮，我不知道碌碡有没有想过那些农作物的疼痛？或许，都一样的痛。空荡荡的乡场上，我曾也滚动过碌碡，那身上布满孔孔点点的伤痕，让人不忍触摸。最难以抑制的是在干燥的乡场上，在坑坑洼洼的路面上，碌碡滚动起来，似鼓点在大地上咚咚作响，发出沉闷的声音，有种肉搏战的激烈。

碌碡，是父亲的爱物，也是他最钟爱的农具。也许日子的沉重与碌碡的笨重，在不识文字的父亲看来，都是一样的沉重，都得要用肩膀扛起来。记得生产队解散时，父亲只要求留下碌碡。父亲说，再苦的日子，只要有碌碡在，什么样的庄稼都会乖乖地进仓，你看碌碡不会说话，但她可是庄稼人最贴心的帮手呢。我信，就像父亲信碌碡一样，在日子的庙宇里，碌碡是父亲的佛，是宗教，父亲就是它最忠诚的教徒，无教义、形而上式的教徒，有了碌碡，父亲的生活就有了希望，有了主心骨，有了对抗苦涩日子的劲头。

顶礼膜拜，也许称不上，但逢年过节，父亲总会在这些庞大与笨重的不说话的农具面前，虔诚地祷告几句，或者贴上个大"福"字，一脸的神圣。我曾猜测父亲的神异举动，对于这些原始的农具，镌刻着岁月的沧桑，人世的悲凉，和父亲有着怎样的血脉相连？一块原始的石头，变身碌碡之后，剩下的恐怕就是汗水与时光的浸润了。

不只碌碡，纵然铁木结构的犁铧、镰刀、锄头，纯粹泥土站立的土瓮、灶头，都埋藏着一些神秘的暗示与缄语，他们都是父亲生命的枝节，生命的图腾。

第三辑 被遮蔽或消失的石器

我曾见过父亲对于碌碡最神圣的时刻———洗碌碡。为了压乡场，碾稻谷，总要在碌碡的皮肤上刻下一行行槽沟，麦穗、稻谷就在碌碡和大地的纠缠中将谷粒生下来。由于岁月的风蚀，使得碌碡失去往昔的风采，表面光滑，这样难以碾下谷粒。这时，就需要洗一洗了。说是洗，其实说白了就是再次钻刻，把碌碡的齿轮再打磨得锋利与坚硬。

农闲时分，父亲从遥远的山里请来石匠。老石匠，颇有仙风道骨韵味，仿佛一阵风就把他送上天上宫阙；胡须银白，飘飘然也，似乎隐藏着不知多少我们难以窥知的神秘。父亲敬若神明，就连村里的人也充满敬意。神秘的石匠与神秘的碌碡，才会庇佑大地上的庄稼和自身无法明白的命运。父亲好生款待，一副毕恭毕敬的模样，走路、说话都小心翼翼，不敢高声。洗碌碡的现场，豪华得很。父亲专人伺候，热水、毛巾以及上好的糕点一一备齐。在农人看来，这是很隆重的排场。看父亲那劲头，似乎把这事看作是头等大事般。宴席上，父亲准备足了菜肴，包括鸡、鸭、猪头、红鲤鱼等，这在乡村是最高规格的了。平常也只有在祭祀祖宗或先人时候才有的敬供。

那时，我才刚刚在村里的学堂上学。人生的第一课里，我就充分感受到父亲高大的内涵了。父亲大字不认识一个，在他的字典里，只有镰刀、锄头、土瓮以及杈耙扫帚之类的象形汉字，怎么读懂隐藏在日子背后那神秘的力量？

洗碌碡开始。石匠老先生吩咐父亲把碌碡也请来，放在上席位置，然后，满酒，老先生第一杯酒，双手举过头顶，然后躬身徐徐倾倒在碌碡上，三杯过后，洗碌碡正式开始。

石匠老先生把自己关在小木屋里，碌碡也在。石匠老先生说，洗的时候，外人是不可以偷看的。我们怀着敬畏的心情点了点头。期间，老先生

一直在屋内叮叮当当地敲打不停。一日三餐都是从窗户里送过去的。三天过后，碌碡洗好了。石匠老先生飘然而去，钱，分文不收。还留下一句话，父亲没有告诉我，只是把我揽在怀里，说了一句让人摸不着头脑的话语：咱家以后就要靠碌碡和你了。碌碡，我，两者有什么关系？

父亲，典型的庄稼好把式，稼穑之事，烂熟于心。一亩三分地上，居然用血汗硬是撑起几口人的肚皮。土里刨食，生命与土地的搏斗。青黄不接的日子，父亲恨不得把土地挖三层，长出粮食来。挖土、耕地、薅草、施肥……在父亲的不辞辛苦劳作下，日子就似饱满的麦粒，一粒粒连接成岁月的长河。我在这条父亲的河流里，一路顺流而下，抵达远方。

留在我记忆深处的，不可理喻的，依旧是父亲与碌碡的身影。

七月流火，父亲拿着镰刀抢收。一车车麦穗，被运到乡场上，车子的背带勒在父亲的肩膀上，勒出了一道道血痕。坐在树荫里，我望着父亲疲惫的身影，眼角潮湿。我帮您一把吧。父亲把脸一横，别忘了石匠老先生的话，你好好读书就是，活不要你做。

我只好继续埋在书里。乡场上，父亲牵着牛，拉着碌碡，在麦穗上来回穿梭，父亲脚踏着丰收的节拍，忘却了一身的疲倦，把牛鞭一扬，开场了。唧唧哑哑的碌碡声，和着父亲的碌碡谣，在乡间的天空里嘹亮开来。"芒种到，麦稍黄……拉起碌碡吱扭扭响，满场的麦粒泛金黄……"父亲那慷慨激昂的样子，让我莫名地亢奋。透过书本，在麦穗与碌碡之间，在蓝天与大地之间，我看到了父亲一种生命花开的状态，一种坚韧不拔的精神，铿锵在大地的鼓点上……

多年以后，当我第一个走出小村的时候，当我的文字开始飞向四面八方的时候，回望碌碡，回望乡村里的父亲，我才领略到他的良苦用心。当年碌碡神圣的隐喻则是父亲与石匠老先生最沉重与美丽的谎言。也许，当初父亲的庄重与神圣,是对自己生活困苦的安慰和对我深深的祈祷与祝福?隐藏的激励,是不是庄稼人另一种生存之道?他们站在泥土深处,在日子的苦涩深处,把最美最甜的果实馈赠给我们。

我不能自已,恍惚里,那如思想般的碌碡,在我生命的乡场上来回滚动,而父亲的碌碡谣又开始从四围漫上来,渐渐地模糊了我的双眼。我知道,我要做的就是把碌碡绳背在肩上,带着碌碡的神谕,继续在都市的乡场上一圈一圈地耕耘……

我学到了寻求幸福的方法:限制自己的欲望,而不是设法满足他们。

——弥尔顿

乡村物语

碓

　　碓，石器与木头的粗糙组合，从历史册页中伸出一只木质的耳朵来，谛听这电子时代的节奏。复杂、多元的时代里，碓，竟然以长臂猿的手臂，以最简陋与朴素的方式，深入我们生活的水域，直至掀出沉重的淤泥来。民以食为天，人类最初却是从两块石头的摩擦挤压中提取温饱、延续生命。

　　碓，又叫碓窝子，是一种古老的原粮加工用具，是人类历史上石器时代的产物，这玩意儿大多年轻人很少见过。《现代汉语词典》的词条曰：碓，一种舂米的用具，是用柱子架起一根木杠，杠的一端装一块圆形的石头，用脚踏另一端，石头一端就翘起，脚一松，石头端就落下，如此起落捶击，去掉下面石臼中的糙米的皮。碓是由石臼、木杆还有木柱三部分组成。一根腿肚粗的木柱，一端穿一木头下垂，末端打上生铁头，即"碓牙"，也叫"碓头"，木柱落下的地上埋一石臼。所谓臼，就是碓中承接捶击的部分，中间凹下，便于盛物，因其状如深窝，碓臼在一些地方也称为碓窝。简单的碓只是一个石臼，外加一根杵或木槌。

碓有水碓和旱碓等，水碓闽浙居多。清朝陆延灿在《南村随笔》里说"凡山溪急流处，皆可为之"。陆放翁有诗，"野碓无人夜自舂"，有了一份"野渡无人舟自横"的野趣和闲适。宋楼璹诗人在《耕图二十一首·舂碓》写道："娟娟月过墙，簌簌风吹叶。田家当此时，村舂响相答。行闻炊玉香，会见流匙滑。更须水转轮，地碓劳蹴蹋。"诗中写的正是这农具碓了。古时将硬物砸碎或者将谷类去壳，都常用臼，其历史之久远让人肃然起敬。《易·系辞下》中就有记载："断木为杵，掘地为臼。"简单的劳作方式，碓或臼对人类生活的影响却根深蒂固，月明星稀，淳朴的乡间女人三五成群，环立于石臼旁，手持一人多高的长杵，上下捣击，和节歌唱。劳作的疲惫、生活的艰辛都在轻盈的歌声里飘远，落下的是人生的惬意、心灵的放松。

臼是女人的。而碓却是真正的男人的农具。因为手执木杵，只能完成少许粮食。若要大面积地舂粮食，那就是碓了。一臼米舂下来，人已汗流浃背。碓，是民间的，直到今天仍深藏在大街小巷，我们苏北似乎还零星可见，杂物间、猪圈旁，或做猪槽、鸡窝，或躺在院落，雨天积满水，青苔遍布。

我最初与碓的相遇，是在村头五奶家门口，只看到一庞大的石槽，内含齿纹，一米高许，寂寞地守望着。杂乱的稻草、斑驳的土墙坯，在门楣上残损对联的映照下，愈发感受到日子的沉重与陌生。在距离石器

很远的时光里,一只碓,到底要怎样牵挂着袅袅的炊烟?那时我读到的不是与粮食加工有关的农具,而是神秘的石头,充满灵性与古老的石头。乡间的石头,一旦走进农人的生活,立刻变成哲人般。若牛槽、石桥,农人看成是全家搬不动的亲戚,寓意着靠山牢稳着呢。最让人神秘莫测的是乡间田头或者树林里的土地庙,一块站立起来的牛槽般的石头。下田或玩耍时常见那土老爷身前摆了一些供品、香烟、苹果、猪头等,甚至还有没有燃完的香,当然,还有民间参悟不透的玄机与咒语。

  我与碓有过深入的接触与感悟,饥饿的童年里,碓,就是生活的纪念碑,滋味日子的守护神。贫穷的乡村,过年是最富有的季节。只有在年关,父亲或者母亲才会奢侈地谈到碓,谈到家中少许的糯米以及汤圆、水饺一类的词语。这也是我们一年里最渴望的时刻——碓米。当然,艰巨而伟大的任务自然落在父亲的肩上。舂米的前夜,母亲早早把糯米泡好晾干了,准确地说半干不干。夜晚,一家人聚集在碓前看着父亲把糯米倒进碓坑,一人站在碓板上,两手要抓住一根从房梁上垂下来的麻绳,前腿弓起、用力,后腿伸展开,让碓嘴扬起,前腿用力压下,碓嘴重重地砸进碓坑,后腿再用力踏起碓板,碓嘴砸进碓坑,发出"嘣嘣"沉闷的声音。母亲则早在碓板离开碓坑的间隙,不停地用手翻着坑里的糯米,做汤圆的糯米面就要捣碎做成了。捣出来的面有粗有细,这就要用上簸箕、箩筛、箩帚、竹挠、木瓢、盆子等,用箩筛筛一下,把没有舂好的糯米放在碓中,继续捣练。父亲强健的臂力在夜晚马灯的照耀下,如铁铸,把强有力的日子揽在怀中,让年幼的我们感受到生活美好的远方。

  那一夜转瞬即逝。虽然后来再吃汤圆,我们从超市里买来现成的,母亲总是很不满意,总是固执地认为用碎米机里轧出来的米粉不如用碓舂出来的米粉做出来好吃。百思不得其解。是否,碓里舂出来的米粉带足了手工的温度。舂米的往事,让我们和母亲共同享受着父亲那坚实的肩膀,无穷的力气,所有苦难的日子都会从他挺起的脊梁上溜走。那喷香的汤圆,深裹着艰辛日子的圆满汗水的结晶,甚至包裹着生命的温度,那炽热的温度,支撑着我们生命的行走。

至今,每想起碓,心里仍觉得有枚沉重的叶子压垫着。以我们现代人的眼光看,碓这种舂米的工具实在够原始、简单、质朴与笨拙了。然而,他却在特定的时期浓缩着智慧与生存,当他们一下又一下地踩着木杠,绑在木杠另一端的圆石连续落下,去掉石臼中糙米的壳时,他们的脸上一定洋溢着幸福与自豪的神光。遗憾的是,在历史的舞台上,诸如那些用了数百年的砻、碓、磨,要无声地谢幕了。散落的碓臼、石磨,依旧坚不可破。近年多有以农具作历史镜子的学校,收集来放置于农博馆,给孩子们讲那昨天的故事。

我们的祖先也许做梦也梦不到,他们赖以生存的砻、碓、磨会被一大堆神奇的机械所代替,不但去掉谷壳,还用水磨得雪白,还把每粒大米打磨得两头尖尖……人呵,活得越来越古怪了,活得越来越不耐烦了,越来越懒惰了。

物质文明的发展给人类带来感官上的舒适。空间的扩大及物质的拥有膨胀了人类的欲望。但我们却丧失了生命的本质享受,精神也逐渐虚空和萎缩。所以我常常想起那些已经久远了的农具,心里总有一份沉重。五千年的华夏文明,其实是五千年的农业文明。那些古老甚至是原始的农具,是无数农人延伸的手臂与生命啊!滋养着我们这个民族,使

之得以生存和繁衍……

人类愈来愈拔高了自己，高到脱离了土地，离开了生养的田野，成为鸽笼里的小鸟，整天都在天空里飞？我们的身体，我们的手脚，渐渐被机械代替了，物质的丰富宛如厚厚的外衣把我们包裹起来。所以，我们开始忘却农具，忘却旷野，忘却乡间的狗叫与星空，转而从高楼开始抵达浮躁的土地，诸如什么农家游、乡村游，呼吸大自然奢侈的天然氧吧，吃着乡土气息浓郁的农家菜……

迷失！生命的迷失！曾经的春种秋收：园里有瓜菜，屋外有鸡鸭；女人织布，男人读书；有自酿的米酒，三杯两盏，忘却尘嚣，也忘却了自己。还有那舂米的臼杵之声……"在家愁闻砧，砧声为客衣。在客愁闻舂，舂声为客饥。"再闻，是否饥肠辘辘的不只是我们的身体，还包括我们的灵魂吧？

察看身边一角的繁华，就可品出世道的纸醉金迷。滚滚商潮，钩心斗角，尔虞我诈。在肯定时代的进步之余，我倍加怀念打碓的生活，那是农人的铿锵音乐，是农人力气与自然搏斗的舞曲，是农人与生存抗争的见证，是皮肤与皮肤的接触，是血肉与血肉的融合，是灵魂与灵魂的碰撞。石头与肉，冰冷与热烈，实际上是两种不同的生命状态，存在的状态。世界，就是在这动与静的舞蹈中，获得新生的力量。由碓，我看到了沉默的力量，看到了一种扎实的生活，一种生命沉稳的姿态。由碓，我看到了大地上农人的生活，在汗水与血肉的洗礼下，生活是充满温情与暖温。因为生活来自自身生命的打造与锤炼，没有虚伪、庞杂和水分。生命、生活都是在自然中怒放。

读《瓦尔登湖》，我终于看清楚了那湖边的梭罗，那抛弃所谓文明的简单中的幸福,一种原始人的幸福生活。生命的四肢还有心灵紧贴着自然,与森林为伴,和鸟兽为依,饿了就拿根木杵在石臼里舂上几碗米。

人找到生活的意义才是幸福的。
——尤·邦达列夫

乡村物语

石碾

乡间里一块最难消化的硬疙瘩。任风雨阅读。

时常降落在记忆的时空里的,是一片辽阔无垠的旷野,低矮稀疏的村庄,袅袅上升的炊烟,伴随这稀稀落落的树木以及村前蜿蜒流淌的溪水。雨后的乡场上一片干净,只有裸露的石块从泥水里碰撞出来,睁大褐色的眼睛,仰望灰白的天穹。或缓或急的雨水,从树枝上,从屋檐下流淌下来,沿着深深浅浅的墒沟流过乡场,去小溪,去河流,乃至奔向遥远的大海。在乡场僻静的一角,被人遗弃的孤独的黑色石碾,布满千疮百孔的石碾,磨损憔悴不堪的石碾,一如老态龙钟的老者,用最静寂的无言挣扎在时间的战场上,渐渐沉寂在往事的转动中,默不作声,直至坍塌与消失。

恍惚间,我感觉到似乎乡村的神秘与沉重都蛰伏于这块石头里了,这个村庄的重量,过去岁月的沧桑都化作了流水带不走的石碾,压在村庄的心口。

这就是我多年来在记忆深处对石碾不倦解读的梦境了。

回忆、怀旧还是沉湎于幻想的境地？我不知道石碾在我的心田里留下多少沉重的辙痕，碾碎我少年时期多少泪水与疼痛，但是泥土淬火的石头，庄稼依靠的农具，农人相依的手臂，在延续生命与铸造口粮的路上，于我都是一种神圣与敬畏。

碾子是一种古老的加工粮食的石器，是石器时代的产物。石器与人一起来到这个世界，是人类从野蛮到文明的过河的浮桥，人类的文明正是从石器时代开始的。如果你仔细思忖，你会发现，今天的电子时代的高速公路上，还留有昔日石碾的辙痕呢！在人类的发展史上，石器时代延续了一百多万年。"劳动创造了人本身"。其实，人类始祖所使用的劳动工具就是石头。毛泽东主席在《贺新郎·读史》中说："人猿相揖别，只几块石头磨过。"漫漫人类发展史，也就是与石头奔腾不息的相生相伴的历史。

石头给大地以脊梁，石碾给予人类以精骨，还有深邃与分量。我以为，一个村庄，有了石碾，这个村庄就有了生存下去的坐标，有了日子的重量，否则的话，接下来的日子就似乎是那枝头的落叶，在风中随时漂流，守候下一个村落。

石碾作为一种粮食加工的农具，它的孪生兄弟是石磨，即有牙齿的石头，周身雕刻着齿痕；而石碾，全身光滑，利用与石板对压的办法碎粮。这一点我喜好倾向于石碾。石磨太锋利了，锋利的牙齿有一种伤害与破碎的质感，使人心生敬畏与恐惧。石碾不张扬，它把所有的锐利、重压都咽在自己肚子里，保持憨厚、善良和沉稳的造型，让村庄的日子过得踏实平安。

石碾由碾盘、碾砣和碾架三部分组成。碾盘，盘之故圆形，平板石

材，四围有护沿，碾盘的中央即碾砣，碾砣像打场用的碌碡，但与碌碡质地不同，多为花岗岩制作，沉重；碾架是由四根方木做成的方框子，对木头的硬度要求很高，多使用木质细腻、硬度大的槐木、桑木等。碾盘中间凿穿，安一根圆木插在碾架内侧；碾砣两边中间各有深深的窝，用于含碾架上用于制动的铁棍。推碾子的时候，只要在碾架后方绑上一根碾棍，人就可以轻松地把石碾向前推了。

每看到石碾，我不自来由地想到农人的艰辛与沉重，自己的肩头就有一种重荷在压迫着。贫瘠的田野里，农人四季朝着阳光，荷锄日月，在不倦的泥土书本上，不断地翻阅这岁月的粮食课本，一粒麦子，一束高粱，还有一块瘦弱的山芋头，无不缠绕着农人精耕细作的劳作。泥土以柔软的身架任凭农人服侍，然后捧出大地内心的果实。可谁知道，在乡间的石碾房里，泥土，又用那坚硬的特质抵抗风雨孕育的粮食，又要在夜晚，在农人足够辛劳与疲惫的极限下，继续白天的劳作，伴着汗水、心血，终于在咿咿呀呀声中，在周而复始的圆周中，接到来自上苍的米面，一口口或粗或细的粮食。然后架起柴火，点燃生活的滋味。农人种田，哪里是耕作？在坚硬的石块与辽阔的大地之上，诞生的果实，分明是农人用心血与骨头孕育和锻造出来的。

余生也晚，没赶上推碾子拉磨的日子。但作为幼小的旁观者，却亲眼看到父辈与石碾在作漫长的搏斗。旧时，真正用上石碾的，在农村，一家一年到头没有几次，精细的粮食也碾不上几回。但是不管囊中羞涩还是粱瓮空空，逢年过节，总是要碾上一回。这是家庭中最高的生活仪式，也是一年到头对生活、对自己、对儿女最好的奖赏，更是一年里最幸福的源泉。馒头、年糕还有汤圆、水饺都会在这些日子里，成为家庭中的餐桌上最奢侈的盛宴。

第三辑 被遮蔽或消失的石器

　　碾是有身份与地位的,虽然只是块圆形的石块。它的重不是贫寒的农家可以支撑起来的。只有大户的人家才有。有石碾的人家,也是生活比较殷实的人家。石碾,农人家中极其看重的物什。那时姑娘出嫁,娘家人其他嫁妆可有可无,但石碾、石磨必不可少,这是生活的大件,有了它,儿女的日子才不至于挨饥受饿。那时的石碾,在乡村占有多大的生活分量啊!

　　村里仅有一架石碾,在全村的中央,有石碾的地方,就是村庄的高地、心脏,全村的人不断赶往这里。推碾的日子里,一家接着一家,从早晨到夜晚,实在熬不住的,就丢个草团或者农具在那,做好排队等候的准备,然后到谁家谁家来碾。我家常常排在晚上,因为父亲劳累的缘故,七口人之家劳力仅父亲一个,祖父在乱世中走得早。祖母心疼,母亲心酸,只好如此。到我家推碾的时候,全家上阵,只留下姐姐看家。父亲推碾,母亲负责加米、麦。祖母呢,把碾好的米面盛入布口袋里。从那段岁月碾过来的人都会晓得,石碾与石磨最大的区别在于,石磨磨的是细粮,而石碾碾碎的却是粗粮啊。贫寒的人家哪里吃得起细粮,有粗粮就已经很自足、很幸福了。那年月,年关或者中秋什么的,我家总能吃上几回窝窝饼、麦麸卷(那是麦面麦皮混合的一种,俗称粗麦面。)那时吃得喷香,一人要吃上好几块呢。不知道今天的我们如果再吃上那饼,还会香么?也许汗水的晶莹、麦子的芬香已经离我们很远很远了。(都市里的人啊,吃着大米饭,喝着面食汤,却与麦苗、稻穗越来越陌生,甚至素不相识。这到底是社会的进步还是人类的悲哀?)

　　石碾是与粮食相依,是与农人的命运相连的。它不单是简单意义上的农具。在农人心里,积聚了太多的汗水及故事、欢乐与愁容。在乡人的精神观念里,往往被赋予某种神秘的色彩,石碾理所当然就是乡间的神器。

乡村物语

神器在有神的地方呢！家中有个头疼发烧的，农人总是团上几个草团，在石碾周围烧了，或者在石碾上烧个香，再磕上几个头就好了。有的农人为了保佑孩子平安健康，许多农人还带着孩子认石碾为干爷、干娘，据说有了石碾做"干娘""干爷"的，从此就壮实无病、消灾免难。而逢年过节的，石碾周遭的农人总要给石碾上点一把香或烧一些箔纸什么的。这是农人对农具的崇拜，更是他们对粮食、生活和对自身命运的祝福与祈祷。沉重的农具，恰如他们曾经沉重的生活。

一盘石碾落寞地躺在乡间一角，圆形的碾盘斜躺在地下，碾砣从碾盘上失足下来，倒在墒沟里，似乎有了风烛残年之态，碾台周围长满了青苔，一地苍凉，使人心生悲怆！

这也许就是最后的石碾了。当我写下这句话时，内心深处不知道是该欣慰还是该伤感？也许曾经那段苦水泡大的日子、石碾碾碎的生活一去不复返了，可是那昔日的农人对石碾的膜拜、对大地的敬畏依旧还在吗？石碾走了，我们还能找到人生的重心吗？我们无法决断。

村庄之外，被遗弃的石碾一天天消瘦下去，直到有一天它会瘦成一根石刺，插在我们每个人的心田里，在你我的梦境中喊疼。

>>>
有愿望才会幸福。
——席勒

第四辑

村庄的流浪者

萍或者苍耳，这些流浪的生命，总是让我眼前浮现都市里的蚁族们。既然流浪注定成为生命存在的一种方式，我们就有理由存在与努力。即使在内心里盛满苦涩，生命的芬芳也一定会馥郁在阳光里。

人,是从植物、动物身上站起来的高等动物,人的肉身还有精神,哪一样不是与周围万事万物息息相关,即使最卑微的野草,甚至落花或者残枝、败叶,都有人类的烙痕。人在高处,植物在低处,大地上所有的植物,都是人类在世间的投影或者镜像,翻转过来,才会发现背面的紫色或者暗伤。谁能看得见那些匍匐者那暗红色的伤口呢?

根

萍是众多水草中的一种。《说文》中记载:萍,苹也。水草也。一种与水注定血脉相连的植物,注定毕生要有漂泊感、沧伤感以及凄凉感。子曰，逝者如斯夫。一切事物在水之洗礼下，都将纤毫毕现。

萍是让人心动的植物，从《诗经》开始，"于以采蘋？南涧之滨。于以采藻？于彼行潦"，蘋就是现在的萍，到曹操《短歌行》中的"呦呦鹿鸣，食野之苹。我有嘉宾，鼓瑟吹笙"，再到晚唐温庭筠《忆江南》："梳洗罢，独倚望江楼。过尽千帆皆不是，斜晖脉脉水悠悠。肠断白苹洲。"且不过一种水生的植物，轻盈柔弱的身躯上，居然载着万众情愫和无数模糊的背影。

到底是什么原因折服文人墨客的情怀？是那紫色的底蕴？据《本草纲目》记载："苹，叶浮水面，根连水底，其茎细於薹苕，其叶大如指顶，面青背紫，故称紫萍。"紫色是高贵的符号，这低到水面的水草，随时都有消失的危险。水草，高在何处？又贵在何处？一生短暂的停留只在乡间的沟渠中，直至消失。谁也不知道你的去处，也不知道你该到何方。但是每一个岸上的旅者，都会在你绿意盈盈的光芒里，沿着水流，奔赴远方的海。

我曾查阅过萍的身世，看着任其漂泊的无为，恍惚于其中，这是植物生命行走的方式还是迫不得已的抉择？每到雨季，走沟渠，无数萍从上游滑行下来，涌动的起伏，无言的行走还有布满全身的绿意，在雨水打湿的鲜嫩中，逐渐远去。无数，密密麻麻，细小，分散又集中，手牵着手，激流处又片刻的分散，而后又会汇聚一起继续漂流。

我惊诧于自己的发现，翻阅资料，发现萍是有根的，根在叶上，叶走根随，浮在水面，在流水的流淌中，长出细长的根须。或许本来是要扎根泥土的，长出一丛丛碧绿来。可是接到水或者其他事物的召唤，就带着使命出发了。行色匆匆，就把根安在背上吧，一叶浮萍归大海，人生何处不相逢？何处不是归程？有水的地方，就有生命，有泥土的地方就有生活。

"我抛弃了所有的忧伤与疑虑，去追逐那无家的潮水，因为那永恒的异乡人在召唤我，他正沿着这条路走来。"经年，人们只见你在潮水中出

发,却从没有发现你的归宿,只看到四处飘荡着你的背影,四处涌动着绿。

一位古希腊先哲说过:植物的生命很完美,是因为它们有两种能力,一是它们本身含有生存必需的养料;二是它们的生命在生长发育、开花结果的过程中,存活的时间长,它们的后代又还原为它们,可谓生生不息。

萍,你是在以独特的漂泊,感知这个世界的冷与暖,见证人类的喜与悲?

祭

祭祀,简单地说就是用某种特定的仪式,向神灵致敬和献礼,膜拜他。神灵有天、山、树、桥、佛像等万事万物,人们对神灵的归顺,可以跪拜叩头,可以焚香燃纸,但对神灵来说最实惠的祭祀方式还是献上祭品。祭祀的隆重与虔诚看重的是祭品。祭品也有三六九等,分为牲口祭、人祭和血祭等。乡间牲口祭,这是农人对先人逝去的祭奠方式。读到《诗经·国风·召南》:

于以采蘋(萍)?南涧之滨。

于以采藻?于彼行潦。

于以盛之?维筐及筥。

于以湘之?维锜及釜。

于以奠之?宗室牖下。

谁其尸之?有齐季女。

得知在很古的时候就记载萍作为祭奠品了。这看起来虚浮与轻渺的水草,何德何能,竟跃居到神灵的位置,享受着贡品带来的荣光?古人祭祀，当初是如何想到草之江湖中不显眼、颠沛潦倒的萍？有根也无根的萍，水波逐流的萍，转瞬即逝、无法把握自己命运与未来的植物，如何抵达崇拜的位置？

这谜我无法解开，历史不可推倒重新来过。我深为古人的绮思所折服。采萍于祭祀，行走在水波卷涌的岸边，这是何等的大气与壮观。这是接通地气的祭祀，拥有着无限滋润生命的水泽。在古人看来，水边正是祭祀的佳境，萍是生命的象征，而水则是一些生命繁盛的始端，吟唱水草萍，不正是对生命的敬祭？由此也可见当初人类的认识有限，对生命来自天灾人祸的恐惧，才使得他们想到祭祀与祈祷，保佑平安。也许他们认为要是生命如那萍草，碧绿、鲜嫩，一河生机，何等愿景？

当然，也有可能人类在由蛮荒向文明过渡的迁移中，经历千回百转，历经迂回坎坷，萍飘蓬转，渴望安定的生活，遂沿河祭祀，希萍带去他们的颠沛流离，四海漂泊。萍，水中的草，半截沧桑半截苍凉。人的一生，从最初的起点开始，到头来又会回到最初的终点。那一河萍的倒影，也是他们在岁月之镜像，总有叶落归根的光阴。

吉普赛人式的萍是负重的植物，身上载着神性的光芒以及生命的光亮，从一个漂泊到另一个漂泊。雨季来临的时刻，是萍上路的季节，沿着来自天边的雨水向天边追，缥缈的旅程美丽而又充满着无限凄凉，还有一丝丝淡淡的哀伤，如果你驻足河边，在缓慢移动的河水里，会发现一片片凌乱的绿，细碎甚至荒芜，只剩下水茫茫的一片。更多的场景则是起伏的浮萍破碎的绿，只是这绿得有点惨淡、杂乱无章，已看不出深浅。

民间

　　萍是民间的植物,越是民间的植物就越能引发人类对这些卑贱植物的垂怜与敬重。植物在农人心中的分量是都市的人无法体悟的。那些遍布乡间的植物,在各种药学经典里,哪一种不是对生命的疗伤?好些植物至今走上农家的门楣,例如艾草、香蒲等,成为精神世界的符号,去毒辟邪,保佑平安健康。

　　萍也不例外,外表冰冷,内心却充满着赤色忠贞。她与水相依,却与血相连。民间草药上就有记载,萍,具有止血消肿去毒等功效。人非草木,岂能知草木之情?一旦这些泼皮野生野长于民间的水草,走近城市的药店,哪一种不是价值昂贵?哪一种草不是牵连着生命的血脉?

　　萍与其他草类一样,高到生命的高贵,没有哪一个生命体不是受到草药精髓的滋润与呵护?低到卑贱,无数的草木都会成为人们口中之福。

　　萍,也是另一种意义上的水上粮食。曾经陆地、水上的植物在农人眼中,都是万不得已才吃的粮食。生产力极其低下的日月,土地贫瘠,加上农作工具简陋,耕种收割庄稼纯乎是力气,唯一庞大的机器是牛或者笨重的平板车,植物生长的力量来源于鸡鸭鹅或者农家的人工肥,地道的农人则会在寒冷冬天挎着粪箕去田间地头马路阡陌上捡拾牲畜留下的粪便。种种努力都是在为填饱青黄的日子。赶上饥荒,农人就把肉体寄托在这知名或者不知名的草类身上了。巴根草、灰灰菜、马齿苋、荠菜还有水芹菜、车前子等,一起赶到了农人的饭桌上,把脸色吃得与草色无异,绿。

　　我与萍的相识在于猪、鸡的联系。萍是他们当时的食物来源之一。不像现在的鸡、猪,给它们粮食吃还嫌弃呢!它们有的是高级人工化学饲料，胃口大开，好吃好睡，瞬间长大。现在的猪、鸡等动物已不再是过去的它们了。那时的猪、鸡鸭鹅能吃上新鲜的萍已经万幸了，更多的农人顾不上它们的饭食，随它们在乡间的树林间找食吃，饱一顿饥一顿，有怜悯心的农人则会在碎萍间搅拌些麦麸或者米糠之类，增加点营养，当然，还不是为了那个蛋？

捞萍喂猪，成为孩童时的我一项重要的乡间劳作。从学堂回来，首要任务是到乡间的沟渠里，用一种长柄的带丝网的器具去捞浮萍，鲜嫩、翠绿的萍带着浮生的根须，统统归结于那器具里，水面上发出哗哗的细碎声。我担心那声响是萍的疼痛与呼喊。因为多少浮萍不久会消失了，取而代之的是牲畜的粪便，水面上留下大片大片的空白，空白得刺眼与恐慌。苍凉的感觉瞬间从水面四围弥漫上来，身子有些麻木地痛。竹篮里带着水汽的萍一路小跑，置于案板上，用笨拙的食刀挫伤碾碎，放在猪食桶，拌上一些米糠、麦麸之类的饲料，倒进猪食槽，等候猪仔们慵懒地用食。其实，它们早就迫不及待了。

当然，萍，人亦可食用，采摘嫩叶洗净烧汤、炒吃均可。今人更多的是去医院购买萍，不是食用，而是治疗身体的伤口。纸醉金迷的日子终究抵不过草木的朴素，大红大紫不过是过眼烟云，恐落个贫血、臃肿的肉身。

在草眼中，人也不过是一株高过草类的植物。

乡村物语

母性

女人与草,有着千丝万缕的关系。大地上无数的野草们只不过是乡村女子的倒影,每一株草的名字又何尝不是女性的名字?美人如草,这是《诗经》《楚辞》里走来的阳春白雪,而乡村的女子,则是下里巴人。她们卑微,匍匐在旷野,就像草根般,在泥土下承受日子间的重量。乡村的人给女子取名,就像那漫天遍野的野草般,多少女子,名字都在那些草叶上晃动着呢。草、蔻、兰等,成为跟随她们一生的音符。

萍,也是这样一种乡村的女子,青萍、紫萍、萍儿、鞠萍等,一丛丛一簇簇,挤挤挨挨地密布在乡村阡陌,这儿一绿,那儿一青,蓬勃着村庄生活。

萍是女性的草,有着女性的韧性与执着,和乡村女人有很多相通的秉性,出生卑微,一片阳光、几朝露珠,便从泥泞里弓起身子来,纤细的根须,稚嫩的叶子,朴素得不能再朴素,普通得不能再普通,像邻家丫头,扑在村庄的灶台旁,一日三餐,锅上灶下,守候爹娘。

我见过一群乡村的萍,七八个姐妹们,整天在宁静的村落里唧唧喳喳,少女的气息充溢着小村。一朝这些萍儿,接到爹娘的使命——为了给弟弟筹措复读的学费,随后背着行囊,天亮之前出发,奔向远方,融入滚滚打工的潮流中。她们有着青春的朝气,有着鲜嫩的叶,纤弱的根系,恰似她们对社会陌生的触摸与滚打。从这家电子厂到那家皮鞋厂,从那家缝纫厂到这家服装厂,一个接着一个寻找,一个接着一个漂泊,她们正是那些无法落根的浮萍,在社会的水域里独自漂流。没有花开,也就没有花落,更谈不上凋零的时分。

第四辑 村庄的流浪者

　　她们本来就没有把自己当作花，只是乡村随处可见、生长的野草，是草，就要围绕着村庄而绿而青而黄，直至枯萎。有个别姐妹出阁的，就在漂泊的路上，找个另一半继续漂泊，把家踩在脚下，把爹娘的目光背在肩上。她们用自己一生的花开花落、一生的碧绿去打扮亲人的精彩。

　　至今，还有如萍的乡村女子，一群群一簇簇，伸展着青春的枝叶，等候在车站、站台，等待漂流。

>>>
任何人都是自己幸福的工匠。

——梭罗

苍耳

　　有些记忆时间再深也是抹杀不去的，它会沿着河岸、阡陌、甚至废弃的园子坍塌的墙垣，一路低音甚至无声无息地牵住衣角、长发，一不小心还会随着尖锐的刺钻入你的手指，甚至……保持着一生的疼痛。这就是苍耳，粗糙的、素朴的甚至没心没肺的苍耳，寂寞的、孤独的、纠结的、沉默的苍耳。再与苍耳相遇，我们竟是在荒废了十年的乡村院落里相遇，颓废的泥巴墙、破落的草舍，挨挨挤挤的苍耳，舒展着阔大的叶子。新的、旧的飞燕在她的上空春来秋又去，呢喃的声响成为最有生气的词语，苍耳，支起无数听觉。待寒霜一降，只有寂寥的庭院和孤独的苍耳相看不厌。谁为谁守护？

苍与耳

我对苍耳的名字充满着神秘的诠释，苍耳苍耳，苍与耳，苍是苍老的苍，天下苍生的苍，原本是伧，伧人，粗鄙的人，他们在穷困潦倒或者自然天灾人祸面前，能够捡拾的唯有这贴地生长的苍耳。苍耳，难道是大地上一只渺小而又巨大的耳朵，渺小是她的形状，巨大是其听觉的世界里包括其海纳百川的情怀。贴着大地的深处，谛听天下黎民百姓的疾苦。越卑贱的植物越是能够保持清醒与静谧，宁静致远。

请让我挑几个关于苍耳神奇的别名：卷耳、常思菜、野紫菜、菜耳、粘粘连、羊负来、疥疮草和佛耳。这些是对苍耳之名的进一步解剖。羊负来，又叫羊带来，形象灵动地说出了苍耳的来时之路，最早的种子是从遥远的异域被羊群之类带到了东方，落地生根，迎风生长。苍耳是有怜悯之心的，或者说她是懂得怜悯。带着生命的阵痛纠缠着这只或那只羊，在疼痛的呼喊里，在人类的叫唤中，羊群把内心的秘密一股脑地倾注在这纠缠不清的种子身上，南方北方，田间地头或者荒山野岭，无不落生苍耳的身影，而羊的呻吟隐秘在地底深处。

再看野紫菜、常思菜，以菜的名义，那就是另一种粮食，食者是谁？舍其与之相依偎的农人，还能有谁与泥土相伴，与苍耳护守？追溯而上，让我们看看这样一幅景象：采采卷耳，不盈倾筐。嗟我怀人，寘彼周行。（《诗经·卷耳》）这卷耳就是苍耳子。穿越千年，我们看到了她

的身影。谁家的女子在山坡上野地里采摘？作为全身有毒的苍耳，生吃它是要付出生命代价的？这妙龄的女子，也许觉得苍耳之毒无甚，爱情之毒尤为毒啊？所以"采采卷耳，不盈倾筐"。其实，我想先人们定然知道苍耳的毒，自然有解它的妙方。如水泡再煮熟，毒性即去差不多。可从这样一株株粗糙的植物身上找出粮食的来源，喂饱胃、身体以及精神，实非易事。

有人说苍耳在古代是一种经常食用的野菜，李时珍说它的味道"滑而少味"，看来不是什么美味佳肴，或许只是那时穷苦人家荒年没有办法才食用的草。况且诗人都有食过。"卷耳况疗风，童儿且时摘。侵星驱之去，烂熳任远适……"杜甫在《驱竖子摘苍耳诗》诗中写到过苍耳，作为诗圣的杜子美先生当时也只能"采采苍耳"来食之。

如此，难怪先人送给苍耳另外一个名字：佛耳。佛家讲究普度众生。能挽救性命的草，还是草吗？是亦佛亦草，是与最平常的大地劳作者休戚与共的植物。

荒与茂

我常在落日的余晖里，一个人踟蹰在这座废弃的园子里。丝绸样的阳光披在残壁与女墙上，蓬松的泥土如一个人恼人的头皮屑般簌簌落下，发出苍老而又疼痛的声音。门楣腐朽，灶台冰冷，枯草横七竖八，不知名的虫子与放肆的老鼠在来往穿梭着，潮湿的青苔沿着废弃的台阶攀援，留下青涩的时光。

人呢？原先这里的人到哪里去了？这是一个大家族的庭院，一个有着祖宗四代同堂的家族，如今人影稀疏。听邻居说，后生一律外出打工或者在外工作，南上广州东莞，北上北京中关村，奔赴经济发达的城市与地域了。一开始是家里的青年男人们出动，电子厂、建筑工地、机械厂、车床厂等，无不留下他们的足迹与汗珠。他们就像四处觅食的鸟儿，离开乡村的枝头，在城市的水泥马路上捡拾遗弃的果实。他们得时刻担心自己迷路，还得防备形形色色从家里传来的各种骗子传闻，还有川流不息的车辆汽笛和浓厚的汽车尾气。更为触及疼痛的是城市的眼睛，冷漠、怀疑、鄙视甚至厌恶，他们是流动的毒瘤，每到一处，就是铜墙铁壁般的戒备。习惯泥土的沉重，把人生的格斗场嫁接到城市的水泥钢筋上，他们用黝黑的脊背扛过那段艰涩的日子。渐渐的，他们的脸上有了笑容，皮肤也逐渐白皙，就是那喷出的话语也似乎有了城市的卷舌。接着，男人把女人接去，孩子也跟着到南方或者大城市上学。园子一天天空荡，安静，到最后死一般的沉寂。一大群人，一个个家族的人都走了，像候鸟般，飞去了南方，从此难得回到这熟悉的荒园。

村庄也不再是往昔的村子，越发沉默与荒芜，人就像一棵棵移动的庄稼，移动的植物，从旺盛的村庄里走出，直到村庄逐渐萧条、枯萎甚至静寂，如果偶有面孔，也只是苍老的面孔一闪而过。在村庄这个舞台上，我亲眼看着一幕幕大戏在没有开始的瞬间就谢了，演员一个接着一个东南飞。也许，从村庄的表面看，村头那棵古树还是那般葱茏，荷塘里的水依旧波澜不惊，活泼的鸭子在水面上嬉戏，偶尔发出欢快的叫声。但是，在熟悉的场景里，我仿佛看到内心的荒芜，从村庄内心呈现

的荒凉，曾经那些鸡鸣狗叫声消失了，稚嫩的面孔也少许了。猛然间将会发现村庄里，多是些苍老的身影，伴随着落寞的愁容，恰似一株株葱茏的苍耳，填补这废弃的村子。

"谁此时没有房子，就不必建造房子/谁此时孤独/就永远孤独，/就醒来，读书，写长长的信/在林荫路上不停地/徘徊，落叶纷飞。"（里尔克：秋日）孤独的村庄，孤独的园子。唯有苍耳不孤独，荒园里留下多少空白，苍耳就用那宽大的背影填补上去，肥厚的汁液，是肥厚的苍凉，在夕光里葳蕤，在黑暗中蓬勃生长。谁能告诉我，此刻的旺盛与荒芜是废弃的园子还是拔高的苍耳？甚至远行的人儿？

草与人

人类对苍耳是有偏见的，包括我自己，不偏见的是《诗经》里的那位女子、李时珍还有我的祖母。苍耳在农人眼里只是一种草，干枯带刺，即使繁殖能力再旺盛，长势再霸道，密密匝匝，甚至似绿被子，依旧捂不热大地的情愫。你看叶子粗糙得不能再粗糙，惨不忍睹，没看到赋予的美学因素；再打量果实，伸出无数尖锐的刺，远远地躲避人的亲近。苍耳似乎天生就有着与人远距离相处的情结，所以人很少去打扰她。苍耳倒好，依旧故我，以更加疯狂的生长迎接世俗的目光，凡是有泥土的地方，都有她碧绿的身影。

我以为苍耳是孤独的，从落生开始注定孤独着，从一个地方到另一个地方，从一个世纪到另一个世纪，越过多少岁月的风声，一个人的旅程，一个人的战争，一个人的世界，土、雨、阳光、露珠，都是上苍的赐予，没有人告诉她会有这些，她毅然落地生根。一粒苍耳的种子，一粒硕大无朋的孤独！永远属于苍耳的与生俱来的、执着的孤独！

《诗经》里那位斜背着箩篮、采卷耳的女子知道苍耳，知道走江湖的苍耳，知道一直保持着战斗激情的苍耳，所以，多情的女子站在山坡上，始终"不盈倾筐"，看着苍耳青枝绿叶的模样。自己何尝不是一节葱绿，正等待秋天的降临？出外采苍耳，婆婆念想的是口中之福，却不谙悉少女情事。想着在爱情成熟的道路上，一位神情忧郁的女子，正站在秋天的苍耳旁，焦急地等待苍耳子带去讯息。苍耳的一生恰似女子的爱情，执着着内心的坚硬，随缘而走。

而在李时珍的眼里，苍耳不是情事的载物，他的目光如炬，透过粗糙的表皮，直至苍耳的心底。从医学角度上看，没有人超过他。在人类与苍耳的身体上，他找到了相通的缘分，瞬间拥抱着，兴奋着，久久不愿分开。李时珍激动难抑，情不自禁地在《本草纲目》上写道：苍耳，亦名胡、常思、苍耳、卷耳、爵耳、猪耳、耳、地葵、羊负来、道。气味：（实）甘、温、有小毒。（茎、叶）苦、辛、微寒、有小毒。主治：久疟不愈、眼目昏暗等。直到彼时，人类才明白苍耳居然是一味上好的中药，生得艰辛，长得丑陋，挥舞着尖锐的武器，远远地躲开人类的追逐，待秋天又追着行人死缠烂打，原来是在传达内心的秘密！

我忽然明白深秋时节苍耳那愁苦的面容，她的愁苦不是自已走向消失，而是怀中颗颗果实，究竟要送到何处？在生命最后的光阴里，她拼命地挤在路边，伸张着脖子，站得孤独，站得疲惫，站得憔悴。直待一个充满爱怜的人打马走过，她便瞬间轰然老去，返归泥土。

祖母是素食主义者，一生以素菜为食。更多的植物都是她的碗中之物。她对草药敬若神明，即使明知道草药无济于事，她依旧喝尽每一滴中药。祖母说，我们人也是一棵草，生病当然还需要草药治疗，草药是我们身体的神，供养着我们，是我们头顶的佛。我们吃进去多少草，死后就会在大地上长出多少草来。呼哉，祖母居然也懂得天人合一的道理，人与自然相依为命，人本身也是自然的一部分。其实，从《本草纲目》读下来，哪一株不是充满着药性和神性？

敬重草类，或许是我们本应有的姿态。

存与亡

现在，我再次站在这座废弃的园子里，看着苍耳满身的累累硕果，由青转黄转褐，从青涩到成熟的过程。成熟就意味着死亡，意味着来年此苍耳将要被另一株苍耳所代替，意味着自己的永远消失。一株苍耳消失，无数株苍耳繁茂于大地之上。其与人类的繁衍相同，一代代延续下去。与这座荒园的主人般，从故乡到异乡，从此地到异地，携裹着家的重任、对后代的责任和憧憬，告别老宅子，告别苍耳，落生在天南海北的城市。直到新的家园出现，把下一个追逐的驿站交给孩子，然后衰老，直至消亡。

这定是一个孤独与艰辛的旅程。尤其在苍耳身上，生前积蓄万千力量，为植物界孕育出无数小苍耳。细剥它的心思，会发现惊人之处。那让人毛骨悚然、拒人千里之外的刺，成为阻隔人类亲近的最大障碍。女为悦己者容，难道苍耳不希望得到人类的青睐？那些青色的刺硬硬的，似乎是捍卫苍耳的利器，密不透风，休想一只虫子钻进去，那些牛羊猪等动物，见了苍耳无不掩面逃窜，即使不小心一口咬下苍耳的枝叶，也无法下咽它内心的苦。据说那些唬人的尖锐的刺，到了苍耳成熟的时候便会老化，由锐变钝。这可是一种心思缜密的变化。此际，人类、动物再与苍耳相遇时，不再胆战心惊，即使亲密接触，最多只是个纠缠，难舍难分。人类对于纠缠是充满喜好的，《诗经》中采卷耳的女子，不就是纠缠在情事的困扰里？念想如那卷耳，小小的坚实的瘦果，纠缠上那远方的情郎。

我惊诧于苍耳的生存与守护，在生与死，消失与繁衍的路上，是如何守卫内心的密码？那内心的药味，为人类疗伤的隐秘，鲜为人知。她看起来一无是处，她枯荣于大地上，自生自灭是循环往复之路。遭人讨厌，让人误解，傻乎乎地站在荒草丛生的地方，整叶，结果。一旦人类的肉身受到病菌的侵袭，苍耳则会挺身而出。这是一个巨大而又唯一的秘密啊！

野草，吃的人多了，就是野菜；野菜，吃的人少了，就是野草。人类在对苍耳认识上是有误区的，误区的根源是人类的奢望与欲望太多太多，在饥饿时刻看到苍耳是一种粮食，在疾病时看到苍耳是一种药，在幸福时，苍耳则是眼中的杂草。在无数农作物杂草识别与防除页上，赫然写着生辰八字，农田杂草，危害棉花等，宜用百草枯、扑草净除之。

人到老了，才会顿悟出一生应该抓住什么，执着着什么。年轻的时候欲望太多，遮住了前行的双眼。我偏爱苍耳，偏爱苍耳身上唯一的中草药味道。我想植物的世界同样充满喧嚣、浮躁和功名利禄、尔虞我诈。一个人一生能抛却世俗的东西，守住本真，是何等之难？苍耳，在拯救人类内心顽疾的阡陌上，一直孤独前行。

　　我走在熙攘的人海中,迷惘而无助。我看不清许多事物远方在哪,不知道时间是怎样从身上溜走的;璀璨的霓虹灯、醉生梦死的日子和你死我亡的名利争斗,似浓雾般席卷过来。我多么希望把自己迷失,长成一株路旁淡看姹紫嫣红的苍耳,用一种植物的方式生活,活出内心的我来。

全部依靠自己,自身拥有一切的人,不可能不幸福。

——西塞罗

第五辑

一个人的树木记忆

围绕村庄长大的树,我们吃它,用它,与它玩耍,甚至在寒冷的冬季用它取暖。这些沉默的朋友,生命赋予自己长大,然后就这样生了死,死了再重生。它还是树么?不,是哲人,是先行者,她在远方等我们呢。

香椿树

我素来对乡土树有着一种特殊的情结,它那背后,是乡村农人生命的气息和岁月的期盼;是乡土经年深厚的文化底蕴和沧桑的家园。漂泊城市,我对曾经父亲守望的那棵香椿树越发深刻起来,一棵长于我心灵里的大树,在我生命的家园中葱茏着,葳蕤着,勃发着,时刻要胀破我的躯体……

打记事起,我就清晰地记得家前屋后都种上了几棵香椿树,后来老屋翻盖时,屋后的香椿树为屋捐躯了,成了咱家瓦房的座上宾。唯一遗留下来的是门前的那棵香椿树。一棵挺拔俊秀的、笔直威武的大树,在我幼年的天空里,这样一个庞然大物,我真的怀疑这世间造物主的存在了。我问父亲,这香椿都这么高大了,为啥还让它长?父亲叹了口气,又意味深长地告诉我,这棵树是我爷爷种下的,就让它和你一起成长吧……我惘然地听着，丝毫无法理解父亲的深意。我打量着父亲一身黝黑的皮肤，历经磨难的脸庞，无语。父亲十七岁时开始担起家的责任，上河堤抢险，下大河捕鱼，挑货物走异乡，幸得上天垂青父亲的勤劳和坚韧，组合了一个幸福的家庭。父亲对我的精心，与对香椿的精心是同等的。父亲经常给这棵别样的香椿树浇水、施肥、松土，让它长的蓬蓬勃勃的。父亲不识字，却教我九岁就开始写对联。过年时分，父亲忙前忙后，为刚上二年级的我压红纸、磨墨，那专注、那庄重、那深邃，常常击倒顽皮的我，我不得不用笨拙的字开始涂抹陌生的对联。尽管字歪歪扭扭，父亲竟一脸的微笑，还不停地喃喃道，应该到了撑起门楣的时候了。

门前的香椿树，在乡村的饭桌上是一道美味的佳肴了。每到春天，那棕色的香椿头，嫩嫩的，从枝头上掐下来，再打上几个草鸡蛋，真是令人垂涎三尺啊。一般乡村人家来了贵客才会有这样规格的招待；要不就是把它摘下来，撒上盐，腌制起来。这样的活计在春天是村里乐此不疲的事情。然而，在我家，只能眼看着那美味从焦灼的守望和父亲的严厉中老去，变成了碧绿的叶子。任凭母亲的规劝，父亲执意不肯。别的树可以，唯独这棵香椿树不行，就让它茁壮成长吧，我们不能让它受到一点伤害。

我和母亲都不理解，为此，我的屁股上还曾留下了父亲的五指山。

一棵枝繁叶茂的香椿树啊，耸立在门前的空地上，为我们夏天的晚上挽住多少故事？月朗星稀的夜晚，奶奶坐在凉席上，在香椿树下，教我学古诗，唱歌谣，还给我们讲了许多神奇的民间故事传说。月光的清辉从枝头肥厚的叶子间洒落下来，为安逸祥和的夜晚增添几许浪漫和诗意。一旁还有母亲在为我不停摇起的芭蕉扇，父亲喷香的酣睡声。香椿树，成了我们家纳凉的最好去处了。有时，正在奶奶讲得起劲的时候，不知从何方落下一只小喜鹊，我们再探头寻找时，才发现，不知何时这棵高大的香椿树

乡村物语

上已经垒上一个偌大的喜鹊窝了。几声脆生生的鸟叫，给我们又增添一些无穷的乐趣。

在父亲的期望里，在香椿树的庇护下，我也和这高大的香椿树一样，越长越高，似乎是沾了香椿树的灵气了，成绩出奇的好。村里的人都很惊奇，上辈人大字不识，儿子倒很出息啊！父亲很是开心。最令父亲陶醉的是，我是村里第一个考上师范的，第一个从贫穷的人家走出去的娃子，一块飞翔的泥巴。临上师范的那段日子里，父亲一连喝了好几次醉酒，醉梦中，父亲苍老的脸庞上依旧洋溢着兴奋的微笑。

随我远行的，还有我的高大的香椿树。为了学费，父亲卖掉了心爱的香椿树。父亲当时的态度竟是那般的从容和平静。我以为父亲要伤感一阵子，要失魂落魄一阵子，陪伴了他五十多年的香椿树说走就走了。没想到悲伤和流泪的竟是我自己。

火车快要开了。父亲又一次地揩干我的泪水，深情地对我说，儿子，香椿树去它该去的地方了，而你，却是我心中永远的香椿树啊……

人人都追求幸福。所谓幸福，就是顺从宇宙以及遵守作为人类指导原理的理性生活。

——芝诺

第五辑　一个人的树木记忆

桑树

徜徉小城，不觉令人耳目一新。不知何时，曾经老家的乡土树种已悄悄地走进城市的生活里了。亮亮地，晃动着我们的眼，煞是鲜嫩、亲近。隔着这些朴素的树木，我感到了一种久违的乡村气息。从乡间走来的人，骨子里融入的总是故乡的桑树、槐树、榆树之类的树种，这些泼皮的树啊，在城市之外，与我的生活千丝万缕着，亲切着我，营养着我。

老家的家前屋后栽种着不少乡土树，其中就有桑树。也不知道父亲从哪里弄来的桑树种。从一棵幼苗培植成了参天葳蕤的大树，枝枝丫桠不计其数。如果从木匠的眼光看，实在没有什么多大的用途，或许打上一些零星的小家具，还是凑合的，而此树干却生之弯曲；否则就是烧锅做饭最好的柴火了。幼时我常纳闷，问父亲栽这么多桑树干什么？又不能成多大的材？父亲总是笑呵呵地说，留吃啊！树怎么能吃呢？父亲的话让我疑惑不

解。父亲不再说话，看着青枝绿叶的桑树，一脸的憧憬。

其时，我正值上小学堂。每天从家里背着母亲碎布搭凑的、花花绿绿的书包，跑着上学。路上，我也常看到附近的人家或田埂上，也零星地长着几棵桑树。像我们农村的环境里，这些乡土树真是比比皆是。我不知道为什么这些朴素的树种会生长在这穷乡僻壤的地方，而且日后还成了城市里寻觅的树种？是乡土的树好养，还是对故土的怀念？只有那清清爽爽的阳光穿过岁月的缝隙，落在桑叶上，一团生命的绿，就是一叶执着的梦想盘桓于之。

追忆往昔，总是让人充满对桑树难以名状的情怀。在青黄不接的岁月里，桑树为我们的生命抵挡了一段生机勃勃的人生。七八十年代，农村还在饥饿的生命线上挣扎。父亲在生产队里拼命地挣工分，晚上再去湖里拣白天队里遗失的山芋、黄豆粒之类的，一个晚上能拣上个半碗，有时候连一粒也拣不到，全都落生进泥土里，再也找不到了。父亲就是这样含辛茹苦地劳碌，日子依旧枯瘦，我们依旧面黄肌瘦，烙印着时代的印痕。

种植桑树，在粮食匮乏的年代里，我怀疑是父亲一场密谋的革命。老家那时并不是养蚕的故乡，几乎也没有养蚕的人家，看不到采桑喂蚕的身影。放学回到家，我们总是饿着肚子趴在板凳上写字。现在看来，吃零食是多么奢侈和不可思议的事情啊。曾经能填饱肚子已经是最大的梦想了。父亲从外面回来，擦着身上烈日晒出的汗水。透过毛巾，父亲对我说，去桑树上看看果子好了没有？去吃点吧。桑果子？我转身出去，看桑树上早已结满了红红的果子，有的已经成熟变紫了。我鞋子一脱，上了树，大把大把地把桑果子往嘴里塞，也不管熟了没有，一阵狼吞虎咽，抑或风卷残云般；感觉里一股甜丝丝的汁液流进心田，滋润着饥饿的胃。这时，我才明白父亲的深意。

这何尝不是另一种季节上的庄稼啊！有了这极好的"粮食"，课堂上我们的学习劲头更足了，就像夏季的蚕一样，饱鼓鼓地，肥胖胖地端坐在教室里。其实教室也不是什么教室，只不过是三间牛屋改做的，一块用破铁充当的铃，还有一面黑色的墙，加上几块生石灰做成的粉笔。现在想来，依旧历历在目，感觉这是我一生中最好的学堂。在朴实、祥和和宁静的乡村里，大人们在日头下锄禾种田，硕大的汗珠浇灌着贫瘠的土地。而浓荫遮蔽的牛屋里，在蝉声之外，一位表情严肃、着装讲究的师者在台上激昂文字，滔滔不绝，就像门前的桑树，一嘟噜一嘟噜地垂挂在我们的面前，带着甜蜜的滋味和整个夏季的向往。讲台上老师入神地讲解着，"……遍身罗绮者，不是养蚕人"……我们如饥似渴地聆听着，仿佛要把老师这棵别样的桑树上红红的桑果子一吃干净，营养着我们人生的秋天。

我至今还记着童年时的老师，虽然不知道她叫什么名字，只知道她是省城一位下放的知青，只教我们几个月就回城了。但却让我们懂得许多春蚕到死丝方尽……桑之沃落……丝绸之路等知识，她那精彩的语言在我们的面前编织了一片五彩斑斓的天空，引领我们去追逐。老师也是爱桑葚的人。每到课间休息，老师那白皙的手充满疼爱地一挥，去够桑葚吃啊！一时间，树上缀满了顽皮的我们，手摘着桑葚，吃得津津有味。有的同学吃桑葚，把树枝都拽了下来。老师知道了就说，别吃了老头不要儿子啊！（苏北土话，意思是要我们爱惜桑树）否则来年吃什么呢？上课铃再响时，我们又饱鼓鼓地坐在位子上，认真倾听老师的讲课。只见教室里竟是清一色的紫色的唇，仿佛春天的一瓣瓣芽儿。

听同学说，离学堂不远的淮河岭不仅有紫色的桑葚，还有米黄色的桑葚，而且甜得不得了。这更加激起了我们的兴致。假日，我们几个小伙伴抽空去光顾了一次，果然不同凡响，充满肉感和丰富的汁液，一吃就忘不

了，让难得吃上猪肉之类的我们打了一次较好的牙祭啊。

瓜果半年粮。这普通的桑葚，在苍白的日子中，成了我们不可缺少的"粮食"，度过了一段艰难的岁月，也营养着我们的胃部和心灵，让我们一生也消化不了。

素日去市场买菜，在菜场的一角，竟意外地发现一老农摆着一摊紫色的桑葚叫卖着。瞬间，一股故乡泥土的清香和朴素的情怀涌入我的胸怀，让我情不自禁，曾经喂养我的桑葚又辗转着来到城市，又营养着谁呢？再联想时下的乡土树进城来，是否是对乡间日子的怀念和填充？在纸醉金迷的日子里，让我们保持清心寡欲的灵魂，保持我们泥土的本色，让我们离乡村近一些，离根近一些。

人类幸福的两大敌人是痛苦和无聊。

——叔本华

第六辑

被碾碎的时光印记

这些大地上的窝篮、野菜或者草垛等抚育生命的摇篮，让我们读到大地隐藏的密语，还有生命长大的故事。灶台上有饥饿，草垛里有温暖，甚至夜晚的檐灯，在黑暗中那是我们一双寻觅不见的眸子。

乡村物语

灶台

转眼，春节前的习俗——祭灶即将来临了。蓦然，越过城市的煤气灶、电炒锅，我不由地怀念起乡间暖人的灶台来。

在苏北乡村，灶台、锅比邻而建，唇齿相依，灶台靠外，火洞在内，背靠着厚厚的山墙，灶台上方，是高高的烟囱，穿过屋顶一直延伸到屋外。一般农家灶台上要安置两口锅，一口锅烧主食，一口锅炒菜，两个圆形的排列，仿佛一只硕大的花生壳扣在灶台上。

灶台，乡村人家一处独特的风景。午忙时分，农人从湖里耕田耙地回来，回望村庄，只见从高耸的烟囱里冒出袅袅的炊烟来，残阳把最后的光斑照射在屋檐下的玉米棒或者乡场上，金色遍地。屋前鸡鸭成群，盘绕在主人的膝下身旁。炊烟，成了农家人的图腾，只要灶台下有火，日子就不会停止，家永远是那么温暖怡人的。

要是谁家娶新媳妇，那么灶台则更有韵味了。苏北老习俗，新媳妇要

第六辑 被碾碎的时光印记

上灶台，为一家人烧早饭的，而婆婆蹲在灶下抱柴添火。灶上，媳妇忙得不亦乐乎，而灶下，婆婆则喜不胜言，婆媳之间其乐融融。

记忆里，祖母的灶台上还有一种别样的器具，仿佛坛坛罐罐之类，乡村人叫它水瓮子。至今想来没有比这水瓮子更节约的了。水瓮子安置在两口锅中间，水瓮子里能盛些水，每到烧锅做饭时，只要在水瓮子里添点水，保管你早晨醒来有温和的洗脸水用。贫穷的日子里，激发出农人多少惊奇的智慧来！

在历史的记录里，灶台是属于女人的阵地，"君子远庖厨"，"男主外，女主内"，男人的空间在外面。读书者，为求得功名；耕作者，为获得温饱；商贾者，为谋求财富。男人的成绩要靠家庭是否富足来证明，而女人的成绩则靠灶台来呈现。女人活动在三尺灶台间，"大门不出，二门不迈"。一个女人的本事，就体现在这袅袅升起的炊烟里，有了这炊烟，就有一日三餐，就有一个令无数外出打工的男人牵挂的家园、温暖的被窝、喷香的饭菜呢！

灶台，始终是与泥土分不开的，打着泥土的烙印，垒土成台，烧薪成火。它的温度与热度，与土地的厚重、结实，农人的淳朴、勤劳是血脉相通的。遗憾的是城市的节奏太快了，容不下灶台一丝乡土的笨拙，城市的厨房里见到的则是现代化的炊具，缺少的却是乡间灶台给予的温度和那一份儿孙绕膝的浓浓亲情。

灶台，是乡村田野站立起来的另一种景致，用物质和亲情继续着人生四季的忙碌与劳作。

只要我们还没丧失某些幸福，就说明我们还拥有一些幸福。
——塔金顿

在乡间，红薯算得上是最独具特色的粮食了。在那饥饿的年代里，那些憨实、肥嘟嘟的红薯，成了乡间日子的主题，是母亲灶前最受钟情的食物了。

也许红薯，在这时已经是个渐行渐远的物什了，躲在时代的缝隙里，宛如古老的歌谣，吟唱在乡间的阡陌上、旷野里。那些胖乎乎的、泼辣的乡间植物，枝枝蔓蔓的绿色身影，一直延伸到我城市的阳台。正是这甘甜的粮食啊，喂养曾经瘦弱和懵懂的我，把我送出很远很远。

印象里，在老家的乡场上，有块三分菜园。也只有这地是真正属于自己的，其余的都是公社的。父亲和母亲忙完了生产队里的事，趁着皎洁的月光，总要到场上拾掇一阵，把泥土刨成一垄一垄的。趁着月光，拿着红薯秧一棵一棵栽，那情景，犹如在侍弄怀中的婴儿。父亲呢，则从远处担水，一瓢瓢浇水。不久，一行行翠绿就挂满了墒沟，渐渐地，就把泥土盖得严严实实的了。

秋风一起，喜悦的日子也就来临了。全家也都是严阵以待着，父亲早就准备好了牛、犁铧和板车，还有储存红薯的地窖。母亲也三六九到园子旁欣赏一会，其实也是去看青的，看看有没有什么动物糟蹋或者偷盗现象。这或许是可笑的事情，红薯又不是什么宝贝，但在那年月，确是我们家救命的稻草。

也是月色如水的夜晚，四野一片清辉，田野里空荡荡的，稻子早已收获一空。不远处只有枯萎的芦秆还枯黄地站在月色下，耷拉着空虚的脑袋，零落不堪的样子。这时父亲牵着牛拉着犁铧，顺着沟垄一路吆喝开去。在他那厚实的身后，一嘟噜一嘟噜红薯，从犁铧下浪花般涌了上来，大朵大朵的，恰似红色的花朵。跟在父亲身后的，是挎着柳条篮子的母亲，躬着腰板低头捡拾泥土上的红薯，一篮又一篮的，不一会，堆成小山似的。父亲也堆满了笑容，不时还传出几声嘹亮的牛号声，划破了寂静的夜空。

母亲趁着直起腰的空当，对坐在埂上的我说，儿啦，今年冬天有好吃的了。

脑子里一片空白。我至今也没有明白母亲的好吃的东西是什么，记忆中餐桌上上演的就是稀饭、饼子，要不就是带点青菜的粥，因为带了点青菜，中午的饭就不用吃咸菜了，咸菜可以晚上再吃。我常常咽不下去，可我不敢说出来，姐姐曾告诉过我，吃饱就行了，认字去吧。那时我正念小学一年级，八岁。父亲是典型的中国式农民，大字不识，憨厚淳朴，但我的成绩出奇的好。父亲知道日子的苦涩，不说，从生产队挣完工分回来，扛上捕鱼的家伙，一会一顿鲜美的鱼汤就有了。

红薯一直陪伴着我乡村读书的日子。天蒙蒙亮，早起的姐就烀了一锅红薯，厚的是红薯，稀的是玉米面，我把肚子吃得鼓鼓的，这也是姐吩咐的，不然到中午时肚子会咕咕直叫的，我信。当然，有时咱家的鸡要是不偷懒的话，我还能幸福地吃上个鸡蛋。吃烦了，母亲就吩咐姐到溪中把红薯洗净，放在竹制的架子上，担在锅底，添上水，蒸了起来。这样，我吃

红薯就又从水里吃到陆地了。有趣的是还可以装几个熟透的红薯放在书包里，课间趁老师不注意偷着吃呢。其间，我还吃过味道甜美的红薯藤炒辣椒、红薯条炒辣椒和烤红薯。

贫穷的日头造就智慧的乡民。作为所谓丰收的红薯，为了作为主粮维持日头，母亲不得不想出过冬的法子。因为如果不抓紧储藏或者其他，红薯在冬季会烂掉的。这样一来，乡村的又一美景就美轮美奂地展现出来。

在菜园的一角，母亲坐在一张木墩上，屁股下是镰刀柄，前方是带刀的红薯刨子。在母亲双手不停地忙碌中，那雪花般的薯片从母亲的额前飞了出去。父亲就把一片片刨出来的薯片用篮子挎走，又整齐均匀地排列在泥土上，等到太阳一出，晒干水分，一种叫红薯片又称为山芋干的红薯家族成员诞生了，陪伴着我整个冬天的日月。而那些白花花的薯片，在我上晚自习回来的路上，仿佛地上的月光，亮堂堂的，照亮我回家的路。

瓜菜半年粮。红薯就是我们家的粮食。土里长大的乡村娃，都把红薯当作宝贝，虽然红薯不养身子，它却营养着我们的脊梁，直直地担起了父亲的期盼和岁月的重荷。

如今，红薯已开始成了珍藏的食物了。黄昏时分，冬天闹市的街头巷尾，总会飘来一股熟悉而又喷香的红薯味，一瞬间，那朴实、亲切的情愫涌上心来，剥着烫心烫肺的红薯，父爱母爱那浓浓的温暖袭遍我全身……

对人来说，除了幸福还经常需要和幸福等量的不幸。

——陀斯妥耶夫斯基

第六辑 被碾碎的时光印记

油菜花

　　远离故乡，隔着城市的灯火，眺望着似乎已经模糊的故乡面庞，故乡那疯狂金黄的油菜花开的模样，密密匝匝的，团团簇簇的，且大胆地、泼辣地带着野性地绽开生命的状态，那亲密、那团结，似亲姐妹兄弟般，守护着田野，把丰收布满农人的天空；又宛如一幅清新隽永、撼人心魂的油画，带着大地的芳香，常常从我心灵莫名的角落里冒出来，浓墨重彩，涂抹着我的世界。我处于失神和恍惚之中，冥冥之中，难道乡村的油菜花在隐喻着什么？瞬间里，用纸鸟堕落的抛物线，把我从不胜寒的高楼跌至久违的阡陌、乡村，还有沧桑的双亲面前。

　　人到深秋，萧瑟里我更加想念起春天的油菜花来。

　　记忆中的旷野到处是金色的泛滥，热烈而又奔放。那是我正值年少，父亲和乡亲们总喜欢把稻田或河岸边的荒地种上油菜，大片大片的。冬天

还没有什么奇迹的发生，仅仅与白雪在深处昂扬着生命的力量，一种温暖的力量。一旦到了三月，在春风的抚动下，一棵棵挺直身子，把自己打扮得青枝绿叶、肥头大耳的，把花苞鼓得饱饱的，等待阳光的一照，就看着那花蕾一个一个吐着春天的烟圈，啪地爆开了，金色一朵，金黄一野，把你开得一愣一愣的，没想到贫瘠的土壤里却蕴藏着硕大的花瓣，饱蘸着阳光的墨汁。我一直在思索，是否田野里的油菜花，是阳光的化身。看着父亲脸上的喜悦，我似乎读懂点什么。我们穿梭在油菜花丛中，父亲亲切地对我说，地劲怎恁大呢，你看，今年咱家可有香油吃啦！说完笑呵呵的，孩子气十足。最惊异的是村庄旁的油菜田，像是金色的波涛，从遥远的天边涌来，带着时间里的"金子"，一层一层迎面扑来，把中国水墨画的乡村镀上一道金边，而暖人的思绪霎时从小村弥漫开来了。这时，村庄是金色海洋里的帆船，村庄的每一位农人，都是勇敢的水手。当阳光隔着水面照过来，村庄、母亲的皱纹、草垛上的公鸡，还有晚霞中的蜻蜓，都似乎走进了童话世界里，金黄金黄的，发出灿烂的光芒啊！恍惚中，我们掉进了唐诗"飞入花丛无处寻"的境界中了，再看看菜地里的我，父亲又呵呵地笑了，原来我身上沾满了三月的"阳光"啊。

  我对油菜花怀有一种很深的情愫，特别是告别了泥土的怀抱。曾经大片大片的田野消失了，打猪草的伙伴还有在油菜地里玩过家家游戏的姐妹们也音讯全无了。当年的我们也一起走进了城市，开始自己的人生轨迹和告别的油菜花。我至今还记得每年这个季节，母亲总会叫上照相的人来村里，给我和我们一家人照个照片，不为别，母亲说，这油菜花啊，是我们乡村中最美的景致了。那时我们站在花丛中，对着镜头，母亲嘱咐我们，要笑点，再笑点，紧张中母亲说成了再开点，再开点……母亲把我当成了一朵散发着芳香的油菜花了！

行走于都市,我失去了油菜花的田野,失去了故乡泥土的根系。在经过都市的磨砺与摔打之后,再看到油菜花,我仿佛找到了生命的根系和方向,找到了心灵落脚的地方。一切的纸醉金迷、红尘酒绿,还有纷纭复杂的名利争夺,都在时间的深度里失去了光泽,失去了花开的光阴。生命的油菜花一瓣一瓣凋零了。在另一层意义上,我看到了一簇又一簇另一季节之上的油菜花开。曾经的乡村姐妹们,因忍受不了故乡的清贫与静寂,独自流浪于都市的街头,在酒店、洗浴中心、桑拿房里,用故乡的淳朴和自然,兑换着属于阳光的分量。她们和故乡的油菜花一样,在疯狂热烈地绽放着,为陌生的每一个人绽放。绽放的绚烂和冷艳,就像那油菜花,开得轰轰烈烈,开得生生死死,开得泪眼纷飞。油菜花为了村庄和旷野,还有头顶的一方蓝天;她们呢,是否为了家园和生存,为了心中难以磨灭的创伤,在夜晚的田野里,以同样的方式,把爱开到极致,开到立刻凋谢的尽头⋯⋯

　　乡村的油菜花,我童年中朴素的伙伴,你那疯狂的长势,铺天盖地的金黄,硕大无朋的花朵,在朝着故乡和阳光的方向,永远保持着花开的英姿。尽管冷艳,但依旧温暖地绽放在我内心的荒原中。

只有认为自己幸福的人才能享受到幸福。

——塞·约翰逊

草垛

草垛，乡村独有的风景，在树木和村庄的包围中，星罗棋布着。远远审视，宛如落下民间的太阳，在炊烟生起的地方，守护着村庄；又像一轮金色的太阳，转动着属于村庄四季的轮回，瘦瘦胖胖，残残缺缺，到最后，一些新的面孔出现了，一些老的面孔消失了。然后，草垛依旧蹲在村庄的角落里，默不作声。

从灯红酒绿里走来，我对草垛有着深厚的感情。在粮食前脚走进家门，草垛后脚就跟来了，它不会进家的，怕脏了屋子，像温顺的狗远远地守护着家门。如果说丰收的粮食，给了我们肉体一种物质上的温饱；那草垛啊，却给了我们精神上的温暖，一种光的火焰，一种充满祥和和安宁的象征。

草垛遍布晒场、牛圈、阡陌上，偎依着村庄，栖息在炊烟醒来的地方。童年时，我和草垛捆在一起，它是我淘气的房子，是我游戏的天堂。童年的迷藏、母亲的批评，都被我藏在这松软的草垛里了。我曾用草垛来藏鸡蛋，骗取校门口诱人的麦芽糖；我也曾在草垛上假设陷阱，捕捉那胆大好吃的鸟儿。最令人痴迷的是，夏日的乡场上，在昏黄的马灯下，我和少年的朋友们在月光下嬉戏，喷香的稻草和着少年女友的纯香，一起涌上我的肺部和胸膛，让我莫名的汹涌起伏。这来自大地的恩赐，和父亲终日勤劳的回报，演奏一支农家的小夜曲，恬静而令人陶醉。

　　对草垛的敬畏，莫过于父亲了。也许父亲对草垛比我更有深刻的记忆或者理解。在他面前，草垛是那样的神圣、庄严。平时玩耍时浪费了几根草节，总会遭来父亲的责打。在粮食走进家以后，父亲总要找个响晴的天气，吆喝上我一起把草垛摊开，暴晒在六月的阳光下，使得每一根草上都沾满着阳光的气息。父亲说，只有这样，牛吃了，才不会觉得亏待了它。人啊，要是欺负这个从不说话的哑巴，真是要遭报应啊！父亲最值得自豪的就是堆草垛，这在当时是一件多么光彩的事情啊！村人眼尖，对草垛有着深刻的理解。草垛的大小好坏不是简单的问题，它涉及一个人的尊严和今年的收成。从草垛的大小，农人就可以知道你家今年的粮食情况。庄稼人个个是好把式，否则会让人瞧不起的。草晒好之后，父亲就开始堆草垛了，也就是说父亲开始表演手艺了。父亲对草垛很有讲究，既要防水，又要防风吹倒。为此，父亲把从湖里打来的玉米秆扎好，排列在地上作为地基，然后从四围堆起，不要向里缩，然后齐展展地披盖着，一层又一层，只有这样，草垛才会堆得又结实又饱满。好的草垛，有时可以保持上好几年呢。

　　草垛在我的生命中，留下了深刻的印记。记得那年代，好像农村家家户户都缺柴少草之类的，我记得我们家的门口也只有矮矮的草垛。俗话云，不怕锅无米，就怕灶无柴。后来，打草，成了我们家一个冬天的主题。为了那高高的草垛，每天天不亮，我坐在平车上，父亲拉着车，母亲在一旁走着，一起走向遥远的团结河去。据说，河水里长着不少芦苇，收割回来，可以作过冬的柴火。就这样，我们早上去，晚上回来，一车满满的芦苇就有了。芦苇收割尽时，父亲又会想出办法。家前屋后，树木很多，到了冬季，地上总会落满了树叶，树林里时而还能拣到枯树枝。耧树叶，这后来就又成为了我们收集柴火的又一途径了。再到后来，父亲还想出点子，带着斧头、锹等工具，到树林里挖掘伐后的树根，那可是过年烤火的上等燃料。总之，那个年代的冬季，我们家的门前，总会堆积着满满的大小草垛。除了稻草、麦草，还有树叶、树根等堆砌成的高高的草垛。在那寒冷的冬天里，父亲的腰杆始终挺得直直的。

　　也许，在父亲看来，草垛，就是他的粮食！炊烟，就是他生命中的温暖！然而，对迷失在纸醉金迷的城市中的我们来说，草垛对我们意味着什么？我们生之于土，死之于土。养大、暖大我们的不是都市的柏油马路，也不是水泥和钢筋的建筑，而是我们熟悉和亲切的乡村，是我们孕育生命的襁褓和血脉。其实，城市中的每一个人，都是农业的儿子，乡村的子孙，篱笆、菜园、犁铧和袅袅的炊烟，都是我们命里的风景，是我们精神的家园，它时刻召唤着我们、反刍着我们，找回失落的勤劳、善良和坚毅的品质。霓虹灯下，我们的心荒芜了碧绿的庄稼了吗？也许，在行走中，我们会不知不觉地失落了庇护我们的草垛和原始的根系。都市的繁华或许不是我们的天堂，但草垛却是我们最后的精神归宿！

乡场上是金黄的草垛，草垛上是一片精神的广场，回到乡村的我们，一群回归的鸟们，在阳光下，对着春天唱响生命更迭的歌！

幸福是最珍贵的葡萄美酒，但对低级趣味的人来说，就味同嚼蜡了。

——洛·史密斯

檐灯

农人的眼睛。

走过乡间,你会发现,每一农家的门檐前都会挂着一盏灯,或马灯或白炽灯。白炽灯居多。已经褐黄色的白炽灯泡在农家的门前挂着,似乎深锁着经年的心事,打量着每一位走过门口的人。沉默不言。白炽灯与红墙黑瓦在一起,呵护着农家,则变得俊秀与清爽些,而与斑驳的土墙在一起,现代与古老,特别是在黑暗的逼近里,深邃了许多忧郁的季节。

从黑暗里走过来的人,总是对灯光有着热切的向往。我审视过没有灯光的夜晚,也见过浑身泥土气息的父辈们如何利用最后的夕光。冬日里,各家各户最热衷的就是早早地赶鸡上宿,或打狗喂猪,并且把一家老小的晚饭在夕阳还没有落尽时分做好。趁着夕阳最后的光芒吃完晚餐，接着上床、睡觉。

乡间真正的娱乐是从夜晚开始的。农家的男人、女人们就会在黑暗中开始一家人的对话。男人们会披上棉袄，点燃一支香烟，对着黑夜里的女人，细言细语地说着话，诸如鸡圈门、猪圈门关好没有？南湖的那块地羊羔有没有去糟蹋？西大埂的油菜地里油菜几乎被人家偷光了，只剩下了菜根。男人们抽一口烟，再吐一口气，或轻或重地说着稼穑之事。女人们则应和着男人的话题，发表自己的看法。女人们也有女人们的话题。她会告诉男人张家的猪跑出了圈，把老邓头家的菜园吃干净了，看来过年的白菜猪肉泡汤了，或者说马上过年了也该给孩子添件新衣服了，大人怎么都能过呢。当然，说完自家的话题，女人们更多地会说一些充满情色的话题，什么村东头的寡妇和队长如何好上被人家看见了、谁家的女娃没婆家就已经怀孕了等。当然，乡村的女人们，夜晚里最乐意的事情就是掏男人们的钱包。白天男人上街回来，晚上女人总要数一数钱包，是挣钱还是花钱呢。女人们就着男人的烟光，蘸着自己的唾沫一张张地数着，男人们看着女人的馋样则会骂道，钱，钱，比你的娘老子还亲呢！骂完就哈哈地大笑起来，笑声飞出窗户，惊醒了树枝上的野鸟，扑着翅膀飞向更黑更深的夜晚。

一旦乡间的日子滋润起来，灯光也跟着亮堂起来。天一擦黑，农人就把檐灯拉亮，照着门前的路，也照着乡场上的稻子。乡场上，堆满了从田野里收割来的稻子，像无数喝醉酒的汉子，横七竖八地躺着。灯光照耀到饱满的稻粒上，秋天似乎又深沉了几许。女人们在屋里忙着做饭，男人们则在乡场上忙着把稻穗铺展开来，拾掇着石碾、牛还有滚框、牛鞭等物什，等着饭一吃完，就着檐灯投过来的光芒准备夜

战。农人啊，只要一走进丰收的日子，就不管白天夜晚了。在他们的日历上，粮食就是他们的灯盏，是他们生命延续的灯光。等到颗粒归仓、清闲的夜晚里，农人才会一个劲地喊疼。

挂檐灯的农人在耕种之外，也懂得诗意。夜幕降临，农家华灯初上，每一家从屋檐下都会开出一朵橘黄色的花朵，在冬夜清冷的夜晚里，给人以深深的暖意。每一夜行者看到那檐灯，都会找到回家的路。当然，农人没有想那么深邃，他们只知道，在黑夜里点燃一盏灯，能给过路人带来方便，还会赢得赞许。被灯光照耀的人会对主人家说，这家真是菩萨心肠呢！这样的话谁听了心里不是美滋滋的呢？谁还在乎那一点点灯油。

等到过年时分，农家的檐灯会一直亮到天明，特别是在大雪覆盖的夜晚。天地间一片白茫茫，黑的树枝、黑的道路还有黑黝黝的建筑物，一切都被白雪覆盖了。这时，橘黄的灯光照在雪地上，一盏盏，是夜晚最美的景致，是美轮美奂的中国画，画不尽的田园风光，写不尽的农家诗意！再看农家的每一扇窗格里，热气腾腾，那是农家的女人们在忙碌着新年的年糕呢！农家的女人心思细腻着呢！每年这时，家家都是热气腾腾，许多人家忙年货，会忙到子夜才肯歇息。锅上锅下，忙得满头大汗，热浪从窗户里扑出来，整个雪地蒸腾起来。乡间的女人们都有个成俗的约定，谁家热气腾腾，时间越久就会让别人家以为其富裕呢！所以，檐灯亮着，整夜不灭，一家家，一户户，把白米面馒头一个劲地蒸……

灯前细雨檐花落。这是雨中的檐灯。檐的灯，花的灯。现在，在乡间的屋檐下，细数灯花的是远行者么？静寂的村庄，人声寂寥。再

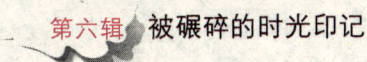第六辑 被碾碎的时光印记

现衰败的屋檐下，伴随檐灯的是一张张苍老的脸和稚嫩的脸。

阑珊的灯影里，谁会照亮他们？

>>>

幸福来临时，人们往往不去注意。一旦我们有意去追求，

幸福就会像高飞的大雁，永远追不到。

——霍桑

窝篮

从都市一脚陷入乡村,那些走过我生命的物什,在我身上滚动着,蒸腾着,燃烧着。

窝篮,我们乡下孩子生命的温床。每一个从农村里走出来的孩子,都有那段窝篮的时光。只要在窝篮下垫上块石块或者断砖头,手轻轻一摇晃,窝篮就会摇摆上好一阵子时间。而窝篮里的孩子则会在那悠悠的钟摆里沉沉入睡。

我坐过窝篮好几年。母亲在闲暇时光总会给我讲这样的事情。透过那斑白的头发,母亲的脸上总是洋溢着兴奋的深情。在母亲轻烟般的叙述里,我几乎看清楚了曾经幼小的我生长的真相。我坐在窝篮里,周围是厚厚的被子把我包裹,我带着如花的帽子,望着屋顶以及梁上的标语。我家的老屋建造得早,父亲特地请了本村的秀才写了几个大字:社会主义好!

其实那时的我虽然终日大眼瞪小眼地瞅着上方,但那几个字我根本就没有停留过,只有空洞、空荡荡的空间。这是每一个农家孩子的襁褓。生命从母亲的怀抱里生下来,就是这样迈上征程的,呼吸阳光、空气还有四季。母亲说,只有我哭的时候,她才手扶着窝篮的边沿,轻轻地一晃,窝篮就开始摇曳着,我则在那温馨的晃动里停止了哭声。我不知道那时为什么哭?也许,生命的成长时分,必须要有一个人在证明,证明慢慢长大。

我无法想象一个人终日坐在窝篮里的模样。就像现在我无法做到在母亲身边聊上半天的时光。那时母亲就像一个陀螺,旋转在日子的中央,我的中央。四围是母亲的马拉松路程。记忆最深的是母亲到户外野地里干活,是我最无声与静寂的时间。母亲说起那样的事件,总有水一样的物质从她脸上走过。母亲说那时我最爱哭。母亲说每次从野外急匆匆地赶回家,打开门上的锁,总会看到我斑斑泪痕的脸庞,还有嘶哑的嗓子。彼时,我倔强地睡着了,只有两只手在高高地举着。母亲说,那是我在找母亲。黑洞洞的房间,静谧得怕人,陪伴我的还有四周叫不出名字的虫子,在黑暗中朝我鸣叫。我哭够了,虫子们就会在空隙间接着吟唱。回到家的母亲匆忙从棉衣下掏出并不充盈的奶水让我吃,我带着哭腔和委屈使劲地吮吸着,我想那时的我肯定不只是饥饿,还有恨不得让母亲抱在怀里的念头。经验告诉我,一吃完,母亲就会马上赶回野地,继续劳作。那段时间里,收获最大的是,就是我学会了和老鼠相处。大人们不在家时,老鼠们从我的嘴上奶水的气味里得到了可靠情报,鲜美的食物在那等着呢。他们迈着轻盈的脚步,从窝篮的边沿开始攀援,一直爬到包被上,甚至接近了我的脸、我的手还有我的唇。我想挥手,可那时的我是不能挥手的,手不听我的指挥。所以我就大声地哭闹。还好,第一次、第二次老鼠们被我吓跑了,再以后,招数老到用尽,我就像一头黔之驴,老鼠们不再害怕了,

纷纷跑上来和我握手、亲吻，兄弟般，小小的细牙竟然把我的嘴唇咬破了。这是我至今的印记。母亲说起这事时，她说那天她抱着我哭了一夜。

窝篮什么时候从我家消失，我和母亲都记不清楚了。但我记得清楚我就是从窝篮里长大的，在窝篮的摇晃中攒足了力气站了起来，走出了家门走出了母亲的视野。如今，我在回忆窝篮的夜晚，总有水一样的忧伤席卷而来。深嵌着岁月沧桑的窝篮不见了。我眼看着母亲一天天变老，身材也变得越来越小。恍惚里我突发奇想，是不是母亲越来越变得像小孩子了？要真是那样该多好！我要把母亲用包被裹着，放在那生命的窝篮里，由我来摇摆。

幸福不可能十全十美。

——贺拉斯

第七辑

渐行渐远的村庄

空村。空的不再是村子了，人呢？人到哪里去了？最后守望村庄的是这些农人。在城镇化逼近的当下，我不知道村庄的消失背后，还会遗失很多与大地交融的册页。在村庄的不远处，我看到了疯狂的野草已经铺天盖地地席卷过来了。

疯长

很多熟稔的词语平素熟视无睹,比如憔悴、苍老、颓废等,在没有历经与体察的境地里,也许只是一些缺少生命气息的个体,纵然我们在文字的背后给予间接的体验。久别故乡,再踏上故土,瞬间,一个活着的词语:疯长,迅速地从立体的时间、空气里漫卷过来,似漫天满地的帷幔把人缠绕包裹着,让你呼吸不得。

这个钢筋水泥日益包裹的光阴里,我已不认识故乡的脸庞了。隔着都市的方格间,深邃在心室里的依旧是离开故乡的最初模样:绿树成荫,炊烟袅袅,六畜兴旺,安居乐业。宁静祥和的村落里,鸡鸣狗跳,笑语喧哗,那些质朴的农人扛着沉重或者轻盈的农具在乡野或乡场上劳作,贴着大地,过着安稳而单调的日子。岁月流年,一代又一代人就是这样熬着日头,耗着生命,繁衍着,生息着,直到走完属于自己的生命旅程。

那时我家就坐落在村子的中央。这是父亲曾经以为最高明的思想。经历过兵荒马乱的父亲总以为家安在中央，有一种天生的安全感。他认为盗贼与土匪是不敢在风高月黑的夜晚摸进村子的中央。年幼的父亲曾饱尝漂泊、颠沛、担惊受怕。所以父亲就用他农民式的哲学呵护着亲人。而居于村子两头，总是时刻觉得有某种危险随时入侵的紧张心理。

旧时我就常听到小偷小摸的事，遭殃的确如父亲所料，多数亦是靠近路口村口的人家。诸如什么家中的粮食、圈里的鸡鸭、梁上的肉或者菜蔬等，甚至自行车、猪、农具锹锨等。记忆里村口李大爷家的牛，半夜竟然被贼人牵跑了。天明家人居然才发现，全家人顿时喑哑，如丧考妣，失魂落魄。牛是农人的守护神，护着一年四季的庄稼。牛，从来都是被当作家中特殊的人口，人与牛的命运总是息息相关的。失去了牛，家中似乎就失去了顶梁柱了，这地、这生活如何继续下去？

颇为传奇的是，翌日，那牛竟然自行挣断鼻栓，经过一夜的奔跑，又回到了李家。身上伤痕累累，鼻子处血迹斑斑，这景象肯定昭示着牛一番不可想象的遭遇。这让李大爷一家人又惊又喜，热泪盈眶，禁不住上前与牛拥抱着，头对头地贴紧，双手抚摸着，呵护着，一步也不肯离开。李大爷还把家中留作下种的黄豆泡好给牛当午餐。

但咱家从来没有丢失过东西或遭到偷盗。父亲为此很得意自己当初的抉择。

这一次，一个靠近深秋的时节，在薄暮时分，我走进了故乡，走进了村子中央。没想到，矗立在眼前的却是枯瘦的、高挑的蔓草。疯长半人高的杂草，胡乱地把村庄、房子还有人烟包围着，猛然间感到我被遗弃在苍凉寂静的荒原之上。

我第一次真切地感受了野草的力量，第一次触摸到了一个带有历史与现实的活着的词语：疯长，或是长疯了。从字典与课本上跳跃下来的疯狂，沿着大风起兮，迎着岁月侵蚀的空间，以几何的倍数在村庄落地生根，高过地面、高过石块、高过稻草垛、高过树苗、屋顶甚至那上方的烟

囡。疯长，弥漫在村落里，进而把整个村庄包围了。彼时的村庄，就是疯长襁褓里的婴儿。

从破落、陈旧的三轮车上下来，我把五元钱递给三轮车夫。他满身灰尘掩埋着沧桑，黝黑的面庞烙印着对抗岁月的坚韧与刚毅。艰难的生存瞬间从心底溢上来，我唯有叹息。他们在这脚下的土地上，僵硬地用沉重的肉身对抗日子的负荷，应付着生存的使命。

空隙间我们还闲聊了下，生意还不错吧？一天二三十元吧，比种地强多了。他说，如今村子早已空了，年轻人几乎全去远方打工了。离开与回家的人越来越多，生意也就越发地好，起码够糊生活的了。一脸的满足。他一只脚搭在车上，一只脚点地，烟火明明灭灭，似乎也在喘口气。颠簸的路也把他颠簸得够呛。现代的生活，让农村也过上了城市的日子。在闭塞的村落里，一辆半现代的三轮车奔波在乡路上，成为村庄另一种新鲜的血液。

我拎着大包小包，朝村口走去。迈开步子的那一刻，就是这个疯长一词，以光的速度冒出我的头脑、身体、脚下，立刻把我击倒了，碎成一地的忧伤。

>>>

幸福——常常是这样得来的：宽恕，永远宽恕所有的人，即使有人把你劈成两半，也要宽恕他。

——鲁维奥

第七辑 渐行渐远的村庄

消亡

　　这次回家，我碰到的第一个人是住在路边的、本家的六奶。离开家时满面红光、精神抖擞、依旧意气风发，活跃在田间地头，再见时已满头风雪、老态龙钟了。她一个人蹲在草垛旁，凑着不太炽热的秋阳，寂寞与颓废地蹲着，头发凌乱得很；眼神空洞与无奈，对着马路，似望非望。空，是此时最准确的概括。家门没上锁，空洞洞的，透出黑的空，空的黑。我猜想那屋子的深处，定是放满了那些即将上场的农具。一大家人，十几口，只剩下老两口在家了。

　　一缕悲凉的情绪从我额前掠过。我把头转过去。

　　右边是荷塘。坍塌与稀疏，是荷塘真实的写照。原本笔挺的堰埂，已似那最后光景的老牛卧在水边，等待的是走向终结。昏黄的泥土上长着无数不知道姓名的野草，在晚风里摇啊摇。塘水浑浊。死水，静止在时间的

乡村物语

睡眠上，偶有几片荷叶，东倒西歪着，倔强的姿势似乎还在挽留着什么？但叶子已经开始在从边缘枯萎了，逐渐走向中心。撤退至最后的谢幕，终究苍凉一片。如果说有生气的话，那就是溪水边那棵柳树，蜡黄着脸，拖着长长的尾巴，拂在水面上，无力地摇摆，只是那驼起的腰背不再凸显青春风华，一任岁月从叶绿叶黄间静静流逝。

越发空寂的乡村，还有谁会掀起喧闹的生气？村口四望，遍布眼帘，赫然入目的唯有葳蕤的荒草。高高矮矮的荒草，这儿一丛那儿一簇的荒草，在寂寥的时间里，在昏黄的夕光里，不识滋味地疯长。从乡野一直长到村口，甚至到猪圈旁，到鸡圈旁，到屋檐下……杂乱无章且又参差不齐，面黄肌瘦却也到处呈现晚秋生命的绿意，这是一场属于光阴战争的惨景，原本坚固执着的屋檐、墙壁，都在时间的重压下，低下头，醉汉般，隐匿在草垛或者墙根下，发出梦幻的呓语，一任草长莺飞。

我注视着路边的乡土树、猪圈和低矮的房屋，身上的疲惫也滚落一地。也许故乡的一草一木，与我一样，都在生命的夹缝里挣扎、奋斗。在都市的灯红酒绿压迫下的乡村光景惨淡，揉碎成极其瘦弱的一阕宋词，浅酌轻吟成属于村庄最后的挽歌。

拎着沉重的东西，手累麻了。我停下来，顺便掸了掸衣物上沾染的灰尘。这是我一贯的矜持。每临回故乡，妻子总是要千叮咛万嘱咐，要衣着光鲜地回家。儿女的仪表就是父辈们的面子。父亲也曾悄声说过，日子宽裕了，不要太节省，也给自己买几件像样的行头，我和你妈哪里需要那么多的钱啊……我明白父亲也嫌我太土气了。质朴的外表里，父亲何尝不知道远方他的儿子内心道路的坎坷？儿子又何尝不了解做父亲的细腻心思？

城市的喧嚣、繁华，浮在夜晚表面的流光溢彩，在浮华下，谁看见深处的浮躁与尘埃？繁华落尽见真淳。生于尘土，终究会回到泥土中。灯红酒绿、荣华富贵，也不过是过眼烟云？我喜欢保持着农民的本色，喜欢农民们那脚踩大地头顶烈日的实在与劳作。天地间，唯有那一柄舞动的锄头才是最实在的人生啊！

尘埃是我们的归宿，我们终极也将以尘埃的面孔浮于地面。但是，在大地的尘埃、身体的尘埃之外，我们看见那隐藏在时间里的尘埃，村庄里的尘埃，在村庄的深处加速村庄的消亡。残垣、断壁、断桥、废墟，柳树、桑树、楝树等，斜拉着身子作醉酒的道士卧在路旁，草垛、鸡圈、猪圈已瘦成矮矮的小土包，缄默着，似乎恪守着时间与村庄的隐喻，而门前的碎石小径似乎在泥土的亲密里隐遁了，只有明灭的青石在闪烁着光阴的烙印。村庄里，连猫、狗、鸡也稀少了，寂寥又深邃了许多。

遽然，父亲从墙角处闪了出来。

幸福和欢乐中常常交混着不幸和悲哀。

——柯罗连科

父爱

父亲早已在村口恭候多时了。

恭候。这是年迈父亲的姿态,是我内心感到伤害与巨大的惶恐。儿子哪里需要父亲的谦卑与仰视?一个在陌生都市里摸爬滚打的为人子,从事近乎贴着地面行走的一族,面对的是无数充满童心的世界。清澈、澄净、湛蓝。如果说还有什么值得幸福的话,就是空暇里在稿纸上涂抹些文字,写些乡土或者亲情的小文来,把内心的亲人、村庄和大地上发生的事情说给世界听或看、想。仅此而已。

父亲不这样认为。在泥土里匍匐挣扎的父亲,一生把自己栽在乡野的父亲,就是一株永远也离不开土地的苦苦丁,婆娑着生命的绿叶,养育着一家人。我常想父亲的日子恰似那深秋的蝉,饱饮的是枯叶上的露水,在烈日下奏响属于自己命运的弓弦。他不识字,吃尽了文化的苦,压垮了身

第七辑 渐行渐远的村庄

子,却没有压弯他的脊梁。伴着泥水、汗水、血水,父亲(当然还有母亲),把儿女们养大。

我哪里有什么资格在父亲面前神奇活现?如果说我走得远点,或写几个字,那是因为站在父亲肩膀上的缘故,是父亲的那些农具、炊烟、鸡鸣狗叫、农谚以及他的憨厚的为人教会我识字、做人;在零落的日子里写着对村庄、乡野和亲人的悲悯情怀。

父亲走近我身旁,一脸充满爱怜与疼爱的笑。他倔强地把我手中的大大小小的包裹夺了过去,一把扛在自己弯下去的肩上。霎时伤感从额前滑落,沿着脸庞、胸口、腿部以及脚板,砸在泥土上,似乎有碎裂的声响。枯瘦干枣树般的父亲,已经沉浸在昔日的荣光里。几百斤的粮包,父亲曾担到邻省的一集镇上,一去七八十里。这就是父亲常挂在嘴边的赫赫战功啊!

我读懂了父亲的爱,以及内心深处深藏的虚弱。父亲此时已经七十多岁了,身体还算硬朗,虽然曾做过几次大手术。伤痕累累的父亲依旧是满心欢喜的。他的儿子至少能做到赡养他,吃喝不愁。这在父亲看来,这是他最高的奢望和追求了。在我们看来,却是最原始的为人子的孝道了。比起他的其他几个弟兄来,父亲洋溢着一身幸福。父亲闲时总喜欢从村西口溜达到村东口,从东口溜达到村西口,一遍遍一趟趟地来回,嘴里衔着儿子带回来的昂贵香烟,精神抖擞着。烟抽完了,还会从布口袋里掏出几块冰糖,继续在嘴里砸巴着,头昂得很高。

父亲爱炫耀。总喜欢对路人道,看,这都是他儿子、媳妇给的,孝顺着呢!村里的老人们闲来无事总喜欢评头论足。父亲说,咱村最孝顺的就数你和村口的淮海了。淮海是我的远房兄弟。我哪里尽到儿子的责任?仅是逢年过节,载着大包小包,回家匆匆一躺。要是双亲愿意的话还会带到

城市里过上一段时间。当然，不管去不去城里，那间属于他们的房间一直空着。父亲、母亲不肯来，说过不惯城里的日子。内疚与惭愧的是，那年父亲做腹腔镜手术，我一连在父亲的身边服侍了一个礼拜。从厕所到喂饭，从屋内到室外。当父亲趴在我肩头的时候，我感受到了父亲的颤动。我没有回过头去，我猜测那一刻父亲一定流泪了。一个坚强的男人，一个在父亲早逝、用自己的劳作养活母亲还有另外几个兄弟姐妹的乡村男人，一个一生都在为他人遮风避雨的男人，我敬重他，但我竭力不去看他那因享受幸福与喜悦的泪水，那是属于男人心底深处的无限柔情。我稳稳地把父亲驮着，向洗手间走去。我看到老来的父亲同样需要一棵树的支撑，所以我必须挺直腰杆，我要让父亲看到儿子的强壮与力量，会是他一生最忠实与温暖的依靠。

村庄静寂里，弯曲的碎石子路，坑坑洼洼里，只有父亲和我的脚步声，敲打在村庄的深处。父亲佝偻着腰，背上是沉重的包裹，面前是轻盈的喜悦。我拿着父亲交代购买的高级香烟，逢人散烟。父亲常嘱咐我，回家要带着香烟，不要忘本啊！老家的人可不能忘记啊，不管外出打工还是做官，大与小，这都是我们的家啊，人，不能忘祖……

我就一手拿着烟，一手拿着敞开的烟盒，行走在村里……

幸福存在于一个人真正的工作中。

——奥理略

第七辑 渐行渐远的村庄

曾经的亲人

　　我和父亲并肩走在颠簸的村路上。随着或浓或淡的树影，父亲给我细腻地唠叨着。走过一户人家，父亲解说着，这家劳力外出打工了，空荡荡的几间破瓦房只剩下一老人在守护着。老孤苦啊。走过另一户人家，依旧是七八十年代的草房子，父亲无限伤感地说，唉，有什么用呢？一大家子，七口人，四个姐妹为了弟弟上大学，都外出挣钱了。没有想到，如今那弟弟远走高飞，父母、姊妹都抛弃了……父亲泪眼婆娑。说得我也哽咽。农家子弟的高飞，哪一个不是依靠一个家庭甚至几个家庭的牺牲为代价？我亦如此。那年中考，我竟然出奇地考取一所中专，全家却陷入了巨

大的欢喜与忧伤之中。目不识丁的父亲，与土地斤斤计较才支撑起炊烟的母亲，如何支付我的学费？虽区区400元的学费，况且公家每月还有60元的生活补贴。但对父亲来说，也是一笔庞大的天文数字！在苍老的父母亲面前，我隐藏起了更深的沉默。土里刨食的人啊，最大的满足仅是把肚皮填饱，那已是活在土地上的农人最高的梦想了。

　　我中专毕业参加工作后，逢年过节，大包小包，超市丰盛的营养品堆满了母亲床头那矮矮的箱箱柜柜。有时父亲或者母亲舍不得轻易消化掉这幸福的日子，致使许多食品过期了。父亲扼腕叹息：就是过去地主家也赶不上这生活水平啊！

　　考上中专学校的那年，二姐远赴南方城市做了一名打工妹。大字不识几个的二姐做了打工妹，两眼黑的二姐做了离家几千里的打工妹啊！二姐没上过学。贫穷的家庭字典上，布满女子没有识字的日子。倔强的二姐，十八岁的二姐啊，只上过十来天免费的扫盲班。一声汽笛，把她抛弃在闪烁着五颜六色的都市陷阱与血汗挣扎的旋涡里。二姐走那天，我没有起床。日头也没有起床。绵绵的早春二月的细雨在村口为二姐送行。我蜷缩在被窝里，蜷缩在贫穷带来撕裂的悲伤里。母亲在厨房里抹眼泪，父亲在门槛上抽着烟丝。

　　我对父亲说，我爷（苏北喊爸称作爷），你抽支烟歇歇吧。父亲喘息下，没事，接过烟继续走。走过二抗家时，衰败的景象让人支离破碎。原本这儿是热闹的戏台，人丁兴旺，一家十几口人。如今走的走，散的散，去的去，那正屋，四处裂缝，透亮的光线照进来，把黑暗的房子增添几份莫名的苍凉。地面坑坑洼洼，梁上、墙上、屋檐下，泥块大块大块往下掉，仿佛时间的钟摆、沙漏，细数着日子的痕迹。失去人烟的房子成为乡村的动物园，最先光顾的是老鼠、角角落落打洞，肆意地在房间里窜来窜去；然后是归来的燕子，从低矮的门楣里飞进来，叽叽喳喳地喧嚣着，不久，温暖舒适的巢建好了。紧接着燕子的排泄物沿着木梁淅淅沥沥，从地上到梁上，涂满了燕子归来的自由。如果我们再仔细地审视脚下，你会发现身边一簇簇蚂蚁正来回奔波呢。

二抗是我远房的叔叔。就在要走上结婚的红地毯时，一场大病夺去了他的生命，一地喧哗转眼化作寂寞。悲哉？痛哉？惜哉？哀哉？最让人心碎的是，曾经红极一时、红墙黑瓦的建筑，渐渐消失在时间的尘埃里。门前，无人烟的空地上，疯长着无数不知名的野草、灌木还有死去、未死去的或者将要死去以及将要生长出来的草本、木本植物，挤满了一直延伸到门口。颓废的房子更加颓废了。低洼的门前，只有青苔旺盛着，沿着小水沟一路蜿蜒开去。

这凄凉的晚景！

父亲说的最多的，就是乡里乡亲的离去。他说这个月里，村西口的四奶走了，老孤苦的，连个送老的人都没有；村南头的五爹摔跤断了腰，儿女不孝，谁也不肯服侍，不久后也忧郁悲愤地走了；还有后庄的三爹，一早醒来人也没有了……人生无常，人活着真的没有多大的意思啊！父亲异常伤感。他说的这些人都和父亲差不多年纪。

我无法回应父亲的话。人生来就是奔往死的终点。人生就是一场活着的悲剧。无论唱着哭，还是哭着唱，我们都要欢颜，这是生命的终极意义。在人类的生命链上，我们唯有锻造好属于自己的那一段。

　　父亲看出我一阵黯然,又安慰我,儿子,你和两个姐姐都很孝顺,父亲和母亲已经很知足了。我接过父亲的话,您身体硬朗得很,使劲地活,让儿子好好地孝敬您哪!

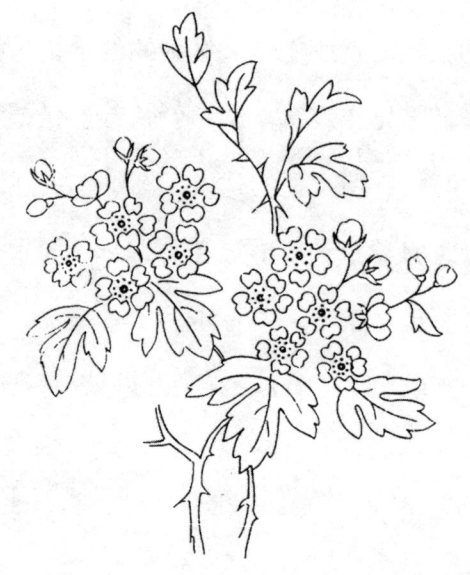

幸福在事物的吟味里,而不在事物的本身。你能得到幸福,是因为你有了自己所喜欢的东西,而不是你有了别人认为好的东西。

——拉劳士福古

被吞噬的村庄

　　城镇高了，村庄矮了。越来越高的楼群挤压着村庄，越来越瘦的村庄已至溃不成军，逐渐大片大片的房屋坍塌了。曾经的土坯房、茅草房甚至砖瓦房在时间的战场上渐渐失守了，苍老、衰老下去，似那最后的灰色残阳，苦苦挽留在山后面。当然，随着村庄逐渐稀疏的还有鸡鸭鹅、牛马羊，还有袅袅上升的炊烟、喧闹的村庄人语，甚至包括载着童年的竹林、溪水，一切都随着弯曲的阡陌侵入村庄，吞噬村庄，以漫天的野草、灌木逐渐覆盖村庄，覆盖村庄里生活的老人们。

　　再假以时日，我对于村庄来说，只是从年轻到衰老，而村庄对于我来说，再来的还会是村庄吗？村口依旧？荷塘依旧？老屋依旧？迎接我的或许是高高低低的土堆上，疯长着参差不齐的荒草、灌木丛的荒野，抑或城镇的一角。村庄哪去了？那些孤寂的老人们哪去了？父亲呢？母亲呢？所

乡村物语

以，站立在眼前的村庄，是最后的村庄——空村，她不能再空了。再空下去的村庄，就不是村庄了。是风？是蒿草？还是灌木丛？还是旷野？

也许，没有村庄的大地上，依旧会布满村庄的影子。

天未明，白发母亲从木床上起身，从鸡窝里摸出两个鸡蛋，亦如十几年前我去外地求学般，就着昏黄的灯光，煎了两个荷包蛋给我路上带着。我泪眼婆娑，不敢再次凝视着逐渐矮下去、老下去的老母亲……父亲帮我拎着行李与老家的土特产，送我到村口。趁着静寂，我再次以过客的方式离开了村庄。

只是，伫立在村口的苍老父亲，久久地站立着，凝视着、眺望着……

一朝开始便能够永远将事业继续下去的人是幸福的。

——赫尔岑

第八辑

汗水点燃的火焰

木质的农具,藏着火焰、坚硬还有大地的沉重。这是属于农人的农具,也是属于农人的沉重。抚摸农具,我听到木器裂开的声音。我知道农具会消失的,只是大地上那些与泥土搏斗千年的人们,那身影会不会隐去?

乡村物语

太平车

在拨开农具的森林里，我突然惊觉，我是站在农具的肩膀上展开叙事或者回忆的。

时间的流走或身体的重量被我忽视了。在视野之中，日益拔高的则是这些赤裸着胸腔的农具。每次从博物馆里看到昔日笨重的太平车，我总有一种窒息的感觉。在乡村，真正运载日子和炊烟的，就是那缓慢的、沉重的，碾压在乡村阡陌上的那辆大车。

大车，又叫太平车。这是从我的记忆里蹒跚出的车辆。与我曾经在笔下描摹的农具诸如马灯、草帘抑或镰刀相比，在农具的丛林里，它们则不过是枝丫，苗条纤柔的，有时候在特定的场景与季节的关口，似乎可以裹挟着一些风声雨声，但雨过天晴，稍后不留痕迹。太平车不同，肩头的路、乡野的路还是日子的路，在它的身后，深的辙浅的痕，则会碾碎了道路、月光还有晃眼的阳光、缠人的炊烟。它的出现，不是偶然的，同样它的消失则是非常缓慢的过程。你看各地的农具博物馆里，总会有太平车的身影。沉重的日子，承载着更多重量的车辆，在乡村的天空上，它注定是一个不可休止的符号，一个难以消化的农具。太平车的面庞似乎就是乡村的面容，太平车的分量就是村庄的重量。也许直到那么一天，我们的太平车与村庄一起消失。

据有关史料记载，太平车最早出现在宋代，北宋张择端的《清明上河图》中就有关于太平车的描述。历史的沟壑可谓深矣！也许正是她载着几千年的农耕文明前行。太平车，融入诗意与祈祷的名字，生于农家长在农户，庞大的身躯往往要占据农家的偌大庭院，这样沉重的日子有了轻盈。这也是农人家中最大的农具了，也可谓是最高级的家产。车取名太平，或因四轮平稳，又在平坦的土地上行驶。太平一词，对于农人来说，是一生最大的奢求。他们无非分之想，也无鸿鹄之志。平安地活在大地上，与草木无异，守卫的仅是一份自然的生命。一生交给了土地，就劳碌在阡陌中。明明知道，那一阵风或一场雨都会打湿或者熄灭生命的火焰，然而命里依旧渴求天下太平。

我们有必要再次对太平车进行一次精神的解读，它的重量、身躯以及车上的重量，都将是今天的我们与读者无法衡量与承载的农具。太平车身呈长方体，长约两米，宽约一米四五。重约300公斤，车身用耐腐蚀、耐碰撞的楸木、槐木等硬质木料制作而成，所有木制结合处均由铁铆和木楔固定。车身两侧各有两个木轮子，每个轮子均由一段段的弓形厚"铁瓦"围镶着轮边,十分牢固。两边的车帮是双的,双帮的纵底木之间,卡着车轮的铁质横轴,车轴木质嵌有长块铁条,一倒悬牛角中盛满香油,一铁条嵌一撮猪鬃蘸油置于车轴处,起润滑作用。这可谓算得上一段非常准确的说明书了。实际上最有趣的还是太平车的四个轱辘,走起路来是"咕噜""咕噜"的,像四把坚钝的历史刻刀,在时间的道路上烙下了两行深深的辙印,似乎是平行均衡的两道生活痕迹。在地面不平坦的部分,车轱辘用笨重与之对抗,直到撕碎泥土,使其成为俯首称臣的尘埃,蜷缩在一旁,眼看着车轮远去。

人们常说的"车辙"就是这种车的车轱辘轧出的。这才是真正的辙,与大地、农人还有季节相互搀扶的辙。辙下是农人求生的乡野、阡陌;辙上是葱茏的庄稼、柴草、货物以及火热的阳光,承载着时间,托付着生命。乡间或苦或甜或悲或喜,无不是太平车一车车搬运回家。

我见过太平车,也曾亲自抚摸过她的肌肤、手臂甚至她转动的轱辘。来自木质、铁质的坚硬以及铁与木摩擦的火焰里,我触摸到了太平车的温度。铁是太平车的骨骼,太平车是农人的骨骼。负重前行,再苦涩的日子,再艰难的年月,都会在铁的钙质下,在太平车的胸怀里包容着,无言地扛起所有的负累,向着旷野、阡陌、村庄甚至远方的云朵,升腾起袅袅的炊烟。木,特别是原木,成为太平车的臂膀或者胸膛,用经年的日月的汗水的滋润,包围着秋或者生活。把乡间的牛粪装上,把大地上的柴火装上,把新过门的媳妇载上,再把家园装上。

太平车是农人日子的方舟,是农家的靠山,是冥冥之中的支柱。不管家境困窘还是殷实,大户还是草棚,太平车是万万不可能没有的,是一定要占据一席之地的。有了它,日子就会轻装上阵,就会有盼头。农人的重活几乎一件不落地落在了太平车上，送粪、拉庄稼、运输，还有走亲串友，甚至还有那正月里唱戏的舞台。没有戏台，就把四辆大车立起来，棚上门板，戏台便搭成了，于是，一场场太平戏就拉开了序幕。时间长了，太平车也有了乐性，行走时常常可以听到"吱扭、吱扭"有节奏的乐音，车轮轧出了历史的节奏。充满神秘意味的是过年贴对联。农人总要嘱咐写大字的秀才们，写一横批：日行千里，夜行八百，然后工工整整地贴在太平车的身上，神情严肃、庄重，充满了神秘的宗教意味。这速度，赶得上骏马呢！这情景，常让人暗笑农人的迂，但农人总是不作解释，一副高深莫测的样子。车与人是分不开的。笨重的太平车，离开人怎能夜行八百？

解读《诗经》，读到《国风·王风》：大车槛槛，毳衣如菼。王公贵族，坐大车，何等幸福荣耀？反观农人，只有拉车的份。也许最大的区别在于坐车与拉车。坐车者，多则为生活享受，显耀高贵身份。而农人拉车，那是在为生存劳作。所以，车与人，人的车，车的人，相依相伴，只是苦了昔日的农人，生活的重量加上太平车，则是他们日子的重量。底层的农人，拉过太平车的农人，谁不是在缰绳下苦苦挣扎着过？乡村的日头就是一部太平车，谁的肩头不是还烙印着昔日的伤痕？祖父、祖母、父亲、母亲……还有你我，也许都做过一回盛世太平的车夫。

在老家后院，我见过面目沧桑、浑身伤痕累累的太平车，那是最后的背影了。破旧的太平车，日久风化，木轮已布满细细的龟裂纹，辐条也被雨水冲刷得仅存骨架，铁钉锈迹斑斑，但依旧保持着兀自古朴坚强的骨架。已经成为了旧时代的一种痕迹。太平车，仿佛从旧时代走过的一位缄默不语的老者，满腹往昔风华日月的记忆，化作无言，直至销声

乡村物语

匿迹。我们只能在追忆里念及她的名字，太平车。

还好。车不在了，可以期冀太平永在。

幸福是灵魂的一种香味，是一颗歌唱的心的和声。而灵魂的最美的音乐是慈悲。

——罗曼·罗兰

纺车

我对纺车充满温暖与敬意。看到她就像是在打量端坐在历史深处、瘦骨伶仃的母亲。粗鄙简陋的纺车，触摸上去，除了厚重的时间，还有年代留下的久远的气息与疼痛。纺车，与木有关，与麻、丝还有棉是一伙的，庇护着昔日大地的温暖。

纺车最早记载见于西汉扬雄的《方言》，记有"繀车"和"道轨"。古代纺车按结构可分为手摇纺车和脚踏纺车两种。手摇纺车据推测约出现在战国时期，也称軠车、纬车和繀车。常见由木架、锭子、绳轮和手柄等部分组成；脚踏纺车约出现在东晋，结构由纺纱机构和脚踏部分组成，脚踏机构由曲柄、踏杆、凸钉等机件组成，踏杆通过曲柄带动绳轮和锭子转动，完成加捻牵伸工作。手摇纺车的图像数据在出土的汉代文物中多次被发现。

翻阅史册，我们会惊诧地发现，历史的体温与纺车是不可分离的，纺车给了时间的温度与辉煌。她是把大地上的棉用母性孕育，庇佑着乡村的冷暖。那位从历史深处走来的黄道婆，一位来自民间底层的母亲，从贫穷与寒冷的重轭下走过的母亲，她把自己一生的时光化作麻，化作丝，化作棉，在苦难之外，在道法之内，用淬过火的棉线，牵住了纺织历史的一页。这一页啊，为后来者找到了温暖的家园。这位神奇的母亲啊，在纺织之外，给我们上了一堂道家之课。据说当初黄道婆的神奇纺织技术，与道院有关，与道法有关。

有纺车的日子总是让人心生温暖，有依有靠。在纺车的一旁，总会有母亲守卫着日子。在乡间，一个勤俭持家的女人，家里必备一架纺车，把生活、村庄和一生都缠绕在那摇不完的圆周运动中。轻盈洁白的丝线，缠绕着沉重、温暖和五谷飘香的日子。

纺车在农人的日子中占据着重要的位置，一家人的衣服都得由纺车来承担。她是农家女儿出嫁时一件重要的嫁妆。即使没有，不久后夫家总会有新的一架。纺车，是云淡风轻的日子里，温暖的太阳。新媳妇上门，纺线是女红中一项重要的考验。纺车到新郎家后，新媳妇当晚试车。邻居亲友等都会来观看新媳妇的纺纱技艺。纺线的粗细，就是日子的粗细。

在我的记忆年轮里，纺车一直是燃烧的火把，经年保持着火的特质。木质的农具，在时间的疙瘩上打了个生命的绳结，用一丝丝棉线，穿过劳碌的日子，缝补着属于生存的衣裳，遮住身体，遮住贫穷，甚至遮住属于生命的温度。

生长在乡间的纺车，是最素朴的简单机械，以致还原到了生命的原生态，以树的面目呈现在时间的大地上。你看，基座是从树上才砍伐下的，手摇纺轮是坚硬的果树木料，就连梁子（即轮轴）也是用上等的木料做成的。木质的纺车，全身透出一种与生俱来的温暖，从农人的手心，穿过手臂，穿过肌肤，直抵达心脏。一丝丝棉线，缠绕在纺轮上，似乎一只庞大的春蚕，包裹着褓褓里的农人。

我惊诧于自己对纺车的解读。至今还依旧对木质的纺车、洁白的棉朵和粗细的棉线有着深深的怀念。即使亲眼目睹了纺织厂那些结构现代化的纺织机器，依然对纺车心怀深情。冰冷的铁器，僵硬的面庞，从我手上划过，木质的刺刺中我细腻的手掌。我知道，那是曾经的树木、麻还有白云般的棉花在呼喊。是他们，给了我生命最初温度的守卫。

我也惊奇于我的父辈们，在饥寒的年代里，居然自给地玩转起纺车来。在乡间，用最古老的方式在上演粗糙的生活。没有科学的技术，也没有艺术的佐料，只有一盏如豆的煤油灯，一间斑驳的牛屋，照耀着夜晚纺织的情景。我更惊奇于母亲的高深。放线看似简单，却也是一项技术活。大字不识的母亲，硬是凭借着对生活的劳作解读，织出了乡间的布料。母亲曾经在回忆的夜晚里，就着溶溶月色告诉我，要纺线，首先是绞棉花，目的是把棉籽与棉絮分开，绞出的棉絮俗称"棉瓢子"；然后是弹棉花，竹篾铺在门板上，放上棉花，身背弓弦，弯腰让弦紧贴棉花，手持榔头弹打弓弦，弓弦的跳动使棉花蓬松起来，弹好后就用竹篾将棉花卷成一筒；接下来就是纺线，线纺好了才能织布。母亲说纺线时还要注意搭配。纺车摇慢了，线抽快了，线就断了，或者是毛卷、棉条拧成绳，线就打成结等。然而就是这样复杂的配合，母亲居然做到了。白天放工，晚上回到牛屋纺线，一支支乡谣就在纺车的伴奏里，飘荡在夜晚深处的村庄。

我没有亲眼目睹母亲放线的夜晚，但我能想象出在昏暗的乡村里，母亲摇纺车的情景。那是一幅温馨的图画，橘黄的煤油灯下，孩子们坐在纺车旁边写作业，母亲右手握住摇把，左手则将棉花捻成细长棉条，缠绕在锭尖上，在纺车与棉条的推波助澜里，一道裹着温暖的细流盘桓在母亲的身边。在那个经济困难的年代，乡间几乎都是靠着纺车来自给自足。母亲纺出线后，再用它来编织大布粗布，尔后拿到染缸里去染成蓝色，再缝制成新衣。这样逢年过节时赶时髦穿在我们的身上，让人眉飞色舞。这种自己制作的粗布麻衣，又粗又硬，穿得久了，就会慢慢地褪去原来的颜色泛白起来。但是穿得愈久，布料就由原来的粗硬变得愈柔软，就更舒服。

劳动布一词也许就是出自这纺车的功劳吧。估计从名称上揣摩，是只有劳动人民才穿着的布料。童年时我穿得最多的旧衣服就是它了。浆白的、厚重的布料，穿在身上，不仅沉重、不保暖而且异常咯人。就是这样的衣服，我也保持着怀旧的情结，因只有大姐、二姐们穿小了，穿坏了，再改装下，烙上几块补丁，然后由我穿在身上。劳动布也不是一无是处，至少遮住了我们羸弱单薄的身子，还有寒冷与贫穷。当然，在今天，正是我们经历过劳动布的考验，在四季如春的室内，我们会准确无误地区分出大地的寒冷与空调的温暖，不至于我们冷暖不知，麻木不仁。

我曾到过西溪湿地的烟水渔庄，在江南再次看到了古老的纺车，它已经瘦骨嶙峋了，只剩下铮铮铁骨。在渔庄，我还详听了那"桑蚕丝绸"的故事，领略到了往昔江南女子的心灵手巧和勤劳质朴以及中国丝绸的文化底韵。在纺车面前，我凝神许久。成为装饰或者风物的纺车，让我沉思于昔日古老的夜晚：天地一片寂静，在微弱的烛光中，母亲摇动着纺车……千百年的光阴，由一条长长的蚕丝线无限地延伸，为人间织一件守护温暖的衣裳。

乡间的日子就是纺车的日子，就这样被母亲们温柔地摇动着，它们无言，它们坚韧，一代又一代……日子的磕磕碰碰，也就是这样一点一点被母亲们慢慢织成温暖，织出动听的歌谣，织出七彩的画和生命的诗意，弥漫着我们的一生。乡土的日子就这样被慢慢编织，由丝到线，由线到布，由布到衣……你或许可以简单地扯断一根线，但是你却不能随手扯烂一块布，那一丝一缕里，织尽岁月的况味。

如今，纺车已落满尘埃，那温度早已冷却，那雪白的棉线也锈迹斑斑了，而令人伤感的是，纺车旁边的那个人，一个又一个，相继隐藏起来。纺织人生乃至人间温暖的人哪去了？

居于都市的人们，在这物欲横流的时代里，是否还能感受到有一根根叫作勤劳简朴、坚韧悠长的棉线还在不断地缠绕着我们的身体？

> 我有一切应该幸福的条件，而且不管我的精神如何苦恼，我想我应该一直是幸福的，只要我始终能把内心洋溢的欣悦传达给别人。
>
> ——罗曼·罗兰

草鞋

我忽然无端地想起那简陋粗糙的草鞋来，充满火焰与温暖、坚韧与沧桑、古朴与厚重，念及，身边周遭是草的原野、火的世界，还有那蔓延到天边的金黄。也许，它算不上真正的农具，但穿在农人的脚上，却是烙印得最深刻的物什，蜿蜒出一片人类的风景。

草鞋是以麻绳作经线，用稻草、蒲草或灯草等作纬线，通过手工精心编织而成的一种无帮鞋。亦称"芒鞋""蒲鞋""芒蹻""芒屦""蒲鞋""麻鞋""棕鞋"等。草鞋在上古时代叫"扉"，相传为黄帝的臣子不则所创造。汉代称为"不借"。《五总志》解释："不借，草履也，谓其所用，人人均有，不待假借，故名不借。"从文献和先后出土的西周遗址中的草鞋实物，以及汉墓陶俑脚上着草鞋的画像也证实：早在三千多年前的商周时代就已出现了草鞋。

穿草鞋不分贵贱，古代穿草鞋相当普遍。它曾经成为上至帝王将相，下到平民百姓都喜欢的穿着物。汉文帝曾穿着草鞋上朝（晋崔豹《古今注》卷上："不借，草履也。以其轻贱易得，故人人自有，不假借也。汉文帝履不借以视朝是也。"），冯骥则蹑屩见孟尝君。（《史记·孟尝君传》）据史料记载，贵为天子的汉文帝刘恒也曾"履不借以视朝"……

有人说，民间是人类历史的宝库。草鞋，同样根在乡村，长在乡间。草鞋，顾名思义与草关联，草是它的身姿，是它素面朝天的背影。比如蒲草、水稻、葛藤等，都是它的前生今世。它们把根深深扎在泥土之中，沿着岁月延伸的四季，风雨兼程，其间虽经历一些小病大灾，虫蛀，干旱，土地皲裂，还有火烧刀砍，幸运的是一部分草，走到人类的手掌心，结成草鞋，从此开始在大地上行走，留下人类深深浅浅的足迹。

谁是第一个编制草鞋的人？草鞋何时诞生？或许自"兽皮为裳，树叶为裙"时期。一切无从考据。草鞋也许是人类最早的鞋子，远古的人们编织鞋或用藤或用麻或用草。《诗经·魏风》有《葛屦》一章，曰："纠纠葛屦，以履霜"里的"屦"，就是用麻、葛编的鞋。这应是关于草鞋的最早记载。

编制草鞋，工具有短长凳、草鞋耙、剪刀、腰木、木杵、锤子、橇箄和弯子。其原材料为稻草，最好是糯稻草。因其修长而韧性足，而且要清白的稻草，最好不用受过热或变质的稻草。选材是编草鞋的第一道工序。第二道是剥去稻草根部的外壳，扎成一个大捆，再用很大的木榔头反复敲打稻草至柔软，行语叫将稻草打熟（软熟的意思）。第三道是在打熟的稻草上洒一些清水、搓好"生绳"，即草鞋的经纬绳。第四道是编织。操作者腰间有一"板腰"，面对固定好的"草鞋耙头"（有九个

齿组成），用稻草在"生绳"中反复穿梭将稻草勒紧慢慢织成一只草鞋，左右的绳略有不同，相配成一双。第五道工序是在编织好的草鞋上串一条草绳，穿在脚上将草绳结在踝关节处就牢固了。

这是编草鞋的过程。看似简单，但在父亲做来却是精雕细刻的活计。从稻草出发到做好草鞋，从锤打、编织到磨合，是智慧与汗水搅拌的漫长历程。在乡村，黄昏的屋檐下，总会传来一种"嘭、嘭、嘭"的声音，那是父亲在锤稻草、打草鞋。草鞋好不好穿，关键是锤打，马虎不得。只见父亲叉开手指，从一大把稻草中理去弯弯绕绕的细碎散叶，剁掉末梢，一手紧握一端，一手抡起木榔头，嘭嘭嘭，轻重、缓急均匀，直到那干燥燥的稻草秆儿沿纹理损裂，再喷上几口水雾，搁地上躺一会儿，等水润透，再锤，再润，简单枯燥的动作重复几遍后，人的性情就显出来了，缓缓慢慢，温温润润，但不知不觉间，稻草细细的，软软的，随时都能缠绕缕缕时光。

父亲打草鞋时，先要将稻草搓成拇指般粗的绳子做成经纬绳，一只草鞋只需一根经绳，长度依照个人脚的大小而定，一般以双手伸展开的长度为宜，然后将绳子编成剪刀状，剪刀状骨架的长度应该是中指根部至腕关节的长度，这都是老祖宗经过长期的实践归纳总结出来的，按照这样的尺寸编出来的草鞋必定适合个人脚的大小。编制时，将草鞋耙头安放在一条长板凳上，长耳向上，弯钩勾住板凳前面的边缘，弯弓系在腰上，把剪刀状的绳子一头挂在两个长耳上，一头系在腰间的弯弓上，草鞋的宽度根据个人脚的大小、靠八字型的长耳来调节，将骨架绳子向下移，鞋底就变宽，需要变窄，绳子往上移。在鞋底编制过程中，在前后左右的适当部位用草绳打成扭结，故乡叫栽耳朵，鞋底编制完后，脚跟连底兜起，用骨架两头留出的绳子穿过套住耳朵即成草鞋。

这是单纯的草鞋。后来，草鞋逐渐玩出了花样。人们逐渐发展到用其他材料替代稻草编制"草鞋"。以布条编制的鞋称"布草鞋"、用麻编制的称"麻草鞋"、用棕丝编制的称"棕草鞋"，还有用桑树皮等编制的，用稻草与布筋、麻、棕丝等混编的……草鞋，在民间，越来越活泛。

草鞋是属于乡土的，一旦越过了乡村栅栏的草鞋会是什么呢？在城市高楼大厦的目光里，他们找到了自己的名字：农民工。他们穿过狭窄的阡陌，走过弯曲的泥泞乡路，乘火车坐轮船，走到钢筋混凝土的水泥路面上，走到油光可鉴的店铺里，走到没有一丝乡土却到处红红绿绿、灯火闪烁的水泥森林里，只有喧闹的车声、人声，没有乡间树林里脆嫩的鸟鸣声。最尴尬的是那双草鞋，还沾着露水草屑的鞋耳上，染满着乡村碧绿目光的鞋面上，在城市的罅隙里找不到落脚的地方。所以穿着草鞋的人开始流浪，像候鸟一样在城市的白天、夜晚流浪，四处寻找歇脚的屋檐。他们不在乎自己是穿着草鞋的，不在乎踩坏了都市的柏油马路。他们只看着眼睛的前方，草鞋的前方那一支支稻穗，就是最大的理想。每过一些日子，他们总要回到乡村，回到田野，回到秋天，回到妻子儿女身边，听听大地上庄稼的声音，看看旷野里的麦苗又长高了几许。他们当中，不乏有人丢失了草鞋或者扔掉了草鞋，在长高的楼群或者更加绚丽的广告牌下，追逐城市的日子。可是，当他们一旦停留下来，一旦把仰望的目光从高处跌落下来，低头一看，那灰乎乎的丑陋的草鞋，深深地烙印在脚面、脚板上，与皮肤融为一体。

这就是穿草鞋的脚。这脚就是穿草鞋的。

草鞋渐渐迷失在鞋的森林里了。人类已经早已告别了草鞋的年代。

但历史总会给人们留下些线头或者蛛丝马迹。在历史遗迹或者名胜之处，我们总会看到那模糊的身影。去苏北明祖陵采风，我们唏嘘在朱元璋的坎坷身世里，当年一要饭的和尚成了日后的皇帝，沧海桑田啊！当我们正要去明祖陵大殿参观时，在路旁竟意外地遇到一老人，正在专心致志地编制草鞋。身旁的竹架上，早已挂好了好几双草鞋。老人看到我们走近，抬着苍老的目光，打量着我们，似吃喝非吃喝，他直起腰，伸出粗糙的双手抚摸着草鞋，对着我们呢喃着……恐怕你们不记得草鞋喽！当年，朱元璋就是靠草鞋打天下的呢……

我没有穿过草鞋，乍见草鞋，内心深处依旧有种熟稔的亲近感，仿佛是我的故交、故土甚至我祖辈、父辈的身影。那一刻我停下了脚步，伸出双手把其中一双草鞋拿着，摩挲着，并相约着老人，临走时我来买一双。这些年，我随着旅行团走东闯西，看过不少民俗村落、历史遗迹，每到一处，只要发现沾染乡土气质的纪念品，我总要珍藏，譬如云南的筲箩，江南的蓑衣还有油纸伞等，都想栖息在我的书房里，成为一本厚厚的古书。

令人遗憾的是，当我们折回来时，竟没有再遇上那位编制草鞋的老人。是草鞋不愿见我？还是在我遗忘了草鞋？我不能回答自己，只是内心里有一份清晰的惘然。师云："浆水价且置，草鞋钱教阿谁还？"我知道，草鞋已经离我远去，不再回头了。在遥远的身影里，我们只能模糊地追忆那古代先人们穿着草鞋，戴着草帽，披着蓑衣，行走在乡野山林里……

宋苏轼《定风波》云："莫听穿林打叶声，何妨吟啸且徐行，竹杖芒鞋轻胜马，谁怕？一蓑烟雨任平生……"在我们的脚上，谁都无法忘

第八辑　汗水点燃的火焰

却脚上曾经穿过那双草鞋。

草的鞋。鞋的草。

真正的幸福就是：成为完全客观，从而体现自己的抱负。

——罗曼·罗兰

连枷

连枷，乡间里不说话的男人们，时常以灰头灰脑的容颜靠在僻静的角落，挺直腰杆，背负着日子的炊烟和旷野的沉重，在天地间匍匐的村落里，陪着农人走过一程又一程。我一直以为，村庄的脊梁是无数连枷锻造的，磨盘的天宇，与无边的旷野，挤压着这些大地上劳作的人的空间：呼吸，生存，繁衍，死亡……

而农具连枷，以铮铮瘦骨，面对生存下去的生命之途，成为农人轻盈又沉重的靠山，抵挡风雨的图腾。在乡间，在这些以泥土为生命唯一依靠的人们灵魂里，这些木质或者铁质的农具啊，总是和农人贴心贴肉，与泥土亲近，整齐地站在农家的屋檐或者山墙上，翻阅着中国最底层的乡村册页。

连枷，佥也。又连枷亦曰佥，打谷具也。连枷最迟在春秋时代已经有了。《国语》曰:"权节其用,耒耜枷芟。"《广雅》曰:"盍谓之架。"而《说文》曰:"架、盍也。盍、击禾连架。"《耕织图诗》云:"霜时天气佳,风劲木叶脱。持穗及此时,连枷乱发声。黄鸡啄遗粒,乌鸟喜聒聒。归家抖尘埃,夜屋烧盍盍。"午忙三季,连枷是最好的帮手。南宋诗人范成大在《四时田园杂兴》中描述那火热的劳作场面:新筑场泥镜面平,家家打稻趁霜晴。笑歌声里轻雷动,一夜连枷响到明。

好一个"一夜连枷响到明"!饱满的麦穗、稻谷,滚圆的豆粒,在咿咿呀呀整齐的合奏中,连枷把每一粒秋天的喜悦,在或轻或重的拍打声中引领进家门,像熟透的西瓜从的床上滚落下来,清脆地喊叫,抵达秋的高度。连枷,是彼时乡间最欢乐的歌手,农人用艰辛兑换欢乐,把一野的艰涩用连枷敲奏成铿锵的土地音乐。谁能在那昂扬或者悲怆的号子歌里,触摸到曾经疼痛的劳作?

据《王祯农书》记载:连枷是用四根三尺长的木条或竹条,以皮革编成一块板状,用一个可以旋转的环轴装在长柄的顶端。使用时连枷起落,使竹木条编成的板绕环轴回转,扑打在晒干的作物秆秸上,籽粒便脱落下来。

连枷多是竹制,图轻快,一根长柄,便于农人手握和使劲;长柄的顶端是一块四五根尺把长的竹片拼成的竹板;竹板与长柄成直角,中间靠一根木轴牵连。劳作时,农人上下挥动长柄,而竹板则闪转腾挪地拍打地上的豆秆。而苏北打麦用的连枷,因竹稀少故多用木条制成。每个用三四根大约半寸见方的木板片,截成两尺多长,并排铺好,打上三四道皮制的箍儿,一端装个手指头粗的横轴心,安装到一根五六尺长、头上弯曲成环子的竹柄上。随着连枷起落,木排翻飞,击在谷物上,"加杖于柄头以挝,穗而出谷也。"别小看连枷,却是极其简单的物理机械呢,蕴含着朴素的

力学原理。使用它靠的并不是力气，遇到不善使用的人，最轻快的连枷也会使得磕磕碰碰的，甚至还会伤到自己呢；必须双手握住把柄高高扬起，待连枷借着扬起时的惯性力翻转时用力下压拍打，否则会造成连枷翻转不过来而上端着地。

父亲是使用连枷的好手，也可谓是地道的庄稼汉子。黝黑的胸膛、粗壮的臂膀，打着日头的烙印；每次使用连枷时，那道道青筋挣得要爆裂似的。汗珠从额头上一滴滴滚落，"锄禾日当午，汗滴禾下土。谁知盘中餐，粒粒皆辛苦。"秋天的大豆，不就是汗珠凝结的么？丰收的庄稼，简陋的连枷，一切重任只好交给那个手握连枷的人了。

连枷，作用的对象主要是黄豆棵、麦子、稻谷。使用连枷前，要先将要脱粒的作物麦子或者稻谷均匀地铺在禾场上，置于烈日下曝晒，等晒到干焦的时候，用连枷一下一下地拍打，打完一面，再把下面翻上来，继续曝晒，然后反复拍打直到籽粒脱尽。在没有脱粒机、收割机甚至没有石碾的年代，人类就是依靠力气捶打出粮食，喂饱自己的口与胃的。在通往粮食的路上，连枷，布满着笨拙的艰辛。

我以为，在这充满昨日疼痛的劳作中，幸运的莫过于那粒粒粮食。这些家伙们，从一出生开始，就饱蘸着天地的精气，日月的精魄，在露珠与雨润中成长，有四季风雨的眷顾，有花开花落的捧场，还有一双双泥土的、温暖的手在侍弄着。以体温传递体温，用生命换以生命。

我喜欢这样想象着打连枷的场景。这是农人自己对待粮食的方式。固然科技的发达，冰冷的机械开进田野，掘开昨日笨拙的收获大幕。但更多的农人已经习惯于在夏日的乡场上，蹲下身子或者扬起连枷。他们也许以为，铁与粮食的折腾中，寒光与冰凉会使得粮食战栗与眩晕，甚至瞬间会如动物般冬眠，不再苏醒。所以农人今日，时有零星的农人在乡场的一角，铺上几丛麦子，挥动连枷，在一下一下捶打着，回忆着，反刍着昨天的生命的记忆。我对大地上用生命博得生存的人们抱以敬畏与仰望。只有他们是庄稼的知音，他们不光懂得粮食的心思，让它们走过四季，走完生命的旅途；更懂得如何对待。木质的连枷，深含着木质的温暖与柔韧，还有在那不堪目睹的捶打中，用疼痛承接疼痛。粮食的疼何尝不是连枷的痛？其实也是大地上农人与田野与生存的痛？一个人若时刻能感受到生命的痛是幸福的，至少灵魂没有沉睡。在物质膨胀的今天，更多的人们在饱食美味佳肴之后，已经感受不到粮食内部的盐，还有自身的痛感了。

连枷，也是一种我膜拜与解读大地上农人的图腾。这是一场融入生存的充满着力气与智慧的盛宴，是一场生存与死亡、力学与美学的舞蹈。大地是鼓，连枷是鼓槌，而农人就是打鼓者，合奏着一曲生存的颂歌。他们一律头扎着白毛巾，光着臂膀，赤裸着褐色的胸膛，一字儿排开，手各持着连枷，一齐扬起竹柄，让头上的连枷翻转过来，再用力地打下去，击打在麦穗或者稻穗上，麦粒儿、稻谷便发出沙沙的声响，纷纷脱落下来。举起的连枷犹如波浪翻滚，连枷与大地的击打中，发出"噼啦！噼啦"的声响！那一瞬间，犹如愚公再世，雕塑般的庄稼汉子，战天斗地的气概在天地间弥漫，尤其是多人打连枷，恰似一曲庄稼的史诗！生命的史诗！地动山摇，叫人好不惬意！

集体打连枷的场面更让人震撼。二三十人分成两排，左右间自然拉开距离，面对面地打，一起一落，疏密有致，若即若离，浑然一体。两排人从步法到身姿，动作娴熟，音声相和，俨然一支训练有素的劳动技能表演队。"嘭、啪，嘭、啪，嘭嘭，啪啪……"乍听起来似乎单调，可随着被拍打物的反弹和用力的大小，连枷拍打中酷似进行曲般的节奏，往复中富有变化。优雅的动作与声响的有机结合，简直不亚于欣赏一段民间的舞

乡村物语

蹈。经验丰富的农人还会在打连枷中加入歌吟："手握竹柄五尺长，连枷飞舞麦粒香；细细翻来细细打，颗颗粮食都归仓！"另一排人则应和着节奏打号子："嗨唷哇来呢唷！嗨唷哇来呢唷！……"没有一首歌比得过这首歌动听，没有一首歌比得过这首歌撼人心魂，劳动的歌是最自然的天籁，是生命唱出的铿锵之乐章。

　　情动于中。我也蠢蠢欲动地拿起连枷，加入打连枷的队伍，竟使我洋相百出。在父亲等人手中灵活飞舞、运用自如的连枷，在我手里竟然似跛脚的汉子，左右摇摆不听使唤，扭臀弯腰，稻穗被我也打得漫天飞舞，我就像乡间戏台上的小丑，引得周围的人哈哈大笑。羞愧中我越发敬佩乡土上劳作的农人们，他们是大地上最好的歌者，忠实的劳作者，与田野最亲近的耕耘者。

　　打连枷的日子一去不回头了。连枷今天在乡间也许很难寻觅了。即使存在，多是倍怀感恩的农人为了在乡间斑驳的土墙上，烙印下自己生命的印记。只是昨日无数打连枷的人哪里去了？渐渐长高的村庄不能告诉我，走进钢筋水泥的人们也不能告诉我。

　　彼岸，只有隐隐约约的连枷声越来越响。

与其先享福后受苦，不如先受苦后享福。

——萨迪

第九辑

水域深处的温暖

万物有灵。你瞧,即使身处水域深处的水绵,或者在水面之上的水烛,都会用一种温暖或者一盏灯的方式,在人类的视线之外,守望。可惜的是我们低下身子,低不过水绵,站直身子,又高不过水烛。

水绵

中国很多汉字，我是充满异样的理喻与解读的，如棉花的棉，水绵的绵，棉或者绵，以树的形式或者以水的形象伫立在外面生命的界限上，这些充满质感与温暖的词，给我们这些从泥土里站立的生命一层保佑与庇护。我曾这样想"棉"字，是木本植物的形象生长在大地上，从时间的丝绸光阴里孕育、编织，以精华与浓缩的方式呈现给大地上辛劳的农人们。再如水绵的绵，隐藏的温暖，从冰凉的水里启程，用最原始与低级的生命最原始的形态出发，用生命的绿与金色的阳光合作，繁衍出温暖的丝绸般的绿丝带。我们不要被水的凉所蒙蔽，不要从经验的角度去感知水绵的绵。我仔细体验过棉花的温暖是从手指开始传递的，用白皙或者粗糙的手指握住棉，温情的暖意传递过来，雪花般的棉，在暖意之余有一丝雪的惊悸。然而，当我们深入水域之中，脚踩着或者手抚摸着水底的水绵，丝丝寒意之后，沿着水绵绸缎般的感觉上升，温暖瞬间袭遍全身。你或许会在刹那间恍惚：这水底的水绵一样保存着生命感知的温暖。

水绵，水绵，乡村里偏僻角落里的孤独者、抛弃者，在村庄的池塘、沟渠、小溪、湖泊等身边，你到底在彼岸编织、缠绕着什么？葱茏着绿，昭示给谁看？

与石头相依

如果我们对水绵有浓厚兴趣的话，你会发现很多有趣的事。如水绵的名字，又名石衣、水衣、水苔、石发、陟厘、侧梨、水青苔，我个人觉得颇有意蕴的是石衣这个别名，水绵，是不是一件来自水底的绿衣裳？为什么要与石字相依？难道与石头有着某种因缘？谜底迎刃而解，当我路过一处方塘时。假山、石块累积的方塘，人们蓄意模拟自然界的水域，给大地一些灵动与滋润。原本干净透彻、静影沉璧，阳光照射时滋啦啦地抵达水底沙石，偶然迷失于此方塘的观赏鱼成为唯一的水晶宫主人，最守信用的客人就是阳光，准时赴约。这样平静的日子却有一天被打破了。不知何时，从水底石头的四周，开始冒出一丝丝一缕缕碧绿，软软的，绵绵的，随水波舞蹈。俄顷，形成绿意的小树林，密布在

石头的周围，有的绿丝疯长，宛如飘飘长发，轻抚着沉思的石头。石衣，石衣，不正是石头的衣裳？

一时间我惊诧于自己的奇妙古怪的念头了。

石头亦有衣裳？不说石头的坚与水绵的软、石块的褐与水绵的绿，一动一静，一沉稳一飘逸，一沉默一喧闹，如何相依在一起？我又围着方塘四周梭巡一番，有意思的是在许多石块的周围，都聚集着无数飘动的水绵，从水底伸出碧绿的小手，在发言还是在托起什么。

石衣的名字起得真是绝妙。一个"衣"字，石头活了，从千锤百炼的深山里走出来，从禁锢千年的世界里敞开心扉，迎接阳光，迎接春意，迎接石头开花的每一个日子。而水绵，多情了，怀揣着满腹碧绿的心事，昼夜与石头窃窃私语，内心涌动的深情弥漫开来，渐渐地，石头躲在水绵的闺房，沉醉忘了归路。

遗弃的水绵

水绵的根据地是乡间，乡间坑坑洼洼多，蓄水的洼地或者沟渠居多，这给了水绵生存的空间。忙碌的农人把心事扑在庄稼上，任水绵绵延，无人问津。只有当疯狂的水绵越过阡陌，到水田里玩耍，才会激起农人的愤慨。

城市不是水绵的家园，城市尔虞我诈，即使再坚硬的石头都会被碾压得粉碎，何况水绵？只有病得很重的城市护城河或者失修的下水道，冒着被阳光暴晒的危险，开始滋生水绵这家伙，那说明城市已经病入膏肓了。乡村喜欢水绵，收留水绵，干净的水塘里，营养丰富的水质是水绵最好的家园。长吧，长吧，农人说，有你们我们的田地不会荒芜，我们就会看见庄稼那青枝绿叶的模样。

水绵的绿是出了名的，走近她的内部，你还会发现她与人类是同呼吸的。给她一片阳光，她可以给你无数氧气。光合作用的植物，在水底打开生命的呼吸，呵护着大地上以土为生的人们。

翻阅植物读本，或者查阅所谓的科学资料，远离泥土、水域的人站在岸上，赫然给水绵一个另类的名字，杂草。给你绿意给你呼吸给你生命朝气的水绵，温暖你保佑你的原来只是杂草。从大地上起身的人，已经忘记了当初泥泞的路了。

解读城市的阳台，每一名贵的花卉，到街道上行色匆匆的过客，谁的身上不是烙印着杂草的胎记？人类的繁衍，正是这些最低级最旺盛的杂草，从蛮荒的空间、沾着历史的水质，吐纳生命的氧气，孕育万物。人类本身就是一株植物，一棵青草甚至一片泥土，只是在花花绿绿的颜色丛林里、水泥森林里的人们忘却了本来的面庞。把根留住，更多的人是忘记了根，甚至把根忘掉。

水绵，无愧她的名字，有着温暖的情结，纵然冷漠或者遗忘她，她始终在阳光下的荷塘里守候，不问生死，吐故纳新，保持最初碧绿的情怀。

我曾到过西双版纳或者大理山区，一些少数民族兄弟们视水绵为命，曾经仰仗着水绵，抚慰生命的饥荒，喂养生命。难得他们有着水绵经历的传奇，我亲自体会到水绵温暖的兄弟们是如何保存温暖并给予别人

的，从内心吐出的绵绵情思，在水泥的森林里蔓延，用温暖迎接冷酷，用碧绿面对炎凉。更加让人欣喜的是这些兄弟们，他们把从水中捞起的水绵洗净，在阳光下晒干，做成水绵食品或者绿色粮食，当作商品销售，甚至还销售到国外去。

这哪里是出售商品？分明是把温暖分散到各地，传递阳光，内心保持阳光，就是水绵最好的再生。到处都是青青缠绕的水绵！只是那些视水绵为杂草的食客们，在大快朵颐的时刻，可否认识自己，品咂出水绵深处的一丝寒意与暖温？

水绵妹妹

乡村的文化，可以说就是草文化。草垛、草房、草地、草纸、草民、薅草、晒草、打猪草等，无不与草有关，草生活，草的命，命的草。农人自古以来，就是草民，说得还是很贴切的，在他们的人生四季里，如一棵草或者一庄稼般，从春到冬，由青转黄，这一生就过去了，消失成尘埃，继续与草为伍。生下来，一把麦草，养活日子；死后，一把荒草，点燃送去西天。草是他们的镜像与图腾，大地则是最后的归宿与家园。

农人对待子女，如同对待田埂上的植物般，随意，像野草般养活就行。诸如水芹、水绵、黄花、蒲公英、灯笼草、狗牙根、燕麦等都会成为孩子的乳名。如果你回到这样的乡村，站在村口一声吆喝，水绵或者水芹之类，准保有许多女子走出灶台，应和着头上、身上沾着的枝枝叶

第九辑 水域深处的温暖

叶。她们就是水渠或者沟涧里泼皮的水绵。这些乡间无数泼皮的妹妹们，在农具照彻下的田野里恣意生长，随风任雨。

我回望过无数水绵的妹妹们，审视过她们曾经在村庄走过的路程。她们质朴，缄默，不甚多言，最显著的表情就是莞尔一笑，或者淡淡飘过。在地球的重心下，也无法吸引她们对家园的情怀。为娘，为爹，还是为了身旁的弟弟妹妹，终日劳作在田间、灶台，风来了挡风，雨来了挡雨，雪落下来了，就把瘦弱的身体凝结成一把柴火，供一家人取暖。等到云开日出，等待花开遍地，栖息在她们身旁的是错过青春的季节，是晚秋的花朵，是明日天涯。

我格外尊敬这些水绵式的妹妹们，亲眼目睹过一群水绵们，如何挤干内心的滋润，甚至血与汗，供养弟弟上大学。凄苦的日子、破落的草房还有瘦弱的炊烟，这些都没有扯断那内心的绿意，在看不到阳光的黑暗中摸索、向上，自身没有光明，却用光明的渴望求索着，谁叫他是自己血脉相连的弟弟啊！在老家，我与她们交谈过，姊妹七个，至今仍流浪南方，在生产线上忙碌着，而家与婚事都在肩上那沉重的壳里。她们说，等弟弟大学毕业再考虑个人的婚事。

撕裂。瞬间。内心的坍塌。我也有水绵一样的姐姐，南方打工的姐姐，直到我大学毕业的姐姐，她们从自身的枯瘦里呈现出蓬勃的绿意。越是逆境，越是享受不到阳光的角落里，越是伸展出春的手臂，吐气若兰。有谁去体味她们内心的春花秋月？有谁会去倾听碧绿的心事？

水绵！水绵！我乡村的好姐妹，至今仍湿漉漉地站在村庄的河岸上，经年缄默不语。

乡村物语

说说苔藓

我不能不说说苔藓。苔藓，又叫青苔。水绵妹妹从水底走出来，上了岸就不再是水绵了，那就是苔藓。水绵是在水底深处倾听大海大江的心事，而青苔则在广袤的大地上，在裸露的石壁上，或在潮湿的森林和沼泽地里谛听时间与落叶的声音，凝视枯黄的叶子一枚枚堆满光阴的尘埃。

少年枯坐的光阴里，审视屋檐下的青苔是一道景致。

匍匐的植物，贴着地面的植物，从乡间茅草苫的房屋上，沿着陈旧枯黄的麦草，在淅沥的暮雨里蔓延开来，不久，你就会发现一行行绿色的植物沿着天雨的脚步快步赶上去，把乡村夜雨的黑深邃了几许。

颓废的少年之季，我乍见青苔，一眼恰如千年，破碎、幽邃的悲凉还有灰色的人生瞬间席卷过来。那时我十五六岁，不识愁滋味的时光，却在乡间低矮的屋檐下、泥泞的阡陌上和父辈弯下去的脊背上，我看到了苔藓的隐喻。无声的呼喊，一声声，扯破了我少年的行囊。

我和苔藓不同，无法与它媲美。在它的空间里，潮湿的空气，湿润的泥土，黑的树干和静寂的角落，这是一方独特幽深的境地了。无人打扰，无人喧哗，更无浮躁的声响。似乎与阡陌间的农人相似，暗藏一坚韧的心思，在阡陌或者山崖还是古老的树木枝丫间蜿蜒，或枯萎或碧绿，都在这静寂的天地间了。

第九辑 水域深处的温暖

水绵还是苔藓，我都没有勇气面对这阳光照彻的植物。我喜欢在昏黑的屋内看着灶间上的灶王爷，猜测神性的咒语与隐言，看着那张牙舞爪、凶神恶煞般的模样，加深了灶下柴火的沉重与光亮。我情愿把目光投向泥土的墙壁、喑哑的农具甚至横梁上残缺不堪的大字：福禄寿喜财。这是属于民间的密语。古铜色的木棒映衬着猩红色的字样，那个摸着山羊胡的秀才又似乎从时光的阴影里走来。

唯一相同的是，我和水绵、苔藓都陷在时间的深处里，只不过一个是绿，一个是灰。

《苔赋》云："背阳就阴，违喧处静。不根不叶，无迹无影。"这是沉静下来的文字，是读懂苔藓的字脚。苔藓，一粒粒一枚枚，密密麻麻，铺就时间的足迹。当我们在屋檐下、芭蕉树旁抑或指头上数着日子时，苔藓就会从无声无息地席卷过来。汲取着时间的元素、重量，对着阴影里的人对视着。

我庆幸与青苔的相遇，百回千转之后，深深惊诧于苔藓的隐语。轻轻一瞥，那深入心扉的凉意立刻在古老与幽深里荡开涟漪，漾起的皱纹化作深深浅浅的碧绿一路逶迤着。我感觉苔藓与我是相通的，哪怕一声浅浅的呼喊，就满身的碧绿。可我怎与之媲美？纵披一身绿意，又怎深藏住千年万载的光阴？谁能从沉重的时间里返青？谁能从干枯的日子里保持鲜嫩？

花团锦翠的苔藓，负重的苔藓，主宰着脚下的一方水土，在恪守着最后的水分与孕育，守卫那一抹绿……

我在城市的一隅里再次见到青苔，是在微小的盆景里，青苔匍匐在一小撮花土上，成为风景。身旁，是车水马龙，是人海茫茫，是水泥森

林，是尾气噪声，是越来越冷漠荒凉的现代化。回忆曾经铺就青苔的乡路，沿着苔藓远行的，终会有一天还会回到它身旁，回来老家回到碧绿的本身。一旦我们丢失了它，沿着水泥、钢铁的路面，我们还会找到归来的路吗？我们是否还会保持着最初的水分？保持着青枝绿叶的模样？

　　水绵、苔藓，在最谦卑的低处，谛听着大地深处的那团温暖与光亮，守着原始的绿与幽、护着偌大的静与无穷的远。

最高的享受是完成别人认为你完不成的事情。

——培德若特

第九辑 水域深处的温暖

水烛

　　万物有灵。当我们人类弯下身子，你是否发现万物都有他们的气场，他们的隐语？人类与万物是相互庇护的，物我相生，互为生活。然一旦万物丛中充斥着人类的欲望，人类的贪婪，或许人类已经从自然的整体中成为孤独的一支了。我以为人类是孤独的，因为在万物面前，人类已经走到他们的对立面，打量动植物，无不是饕餮之词。解读大地上的每一株植物，走进植物的每一个内心或者世界，或许我们已得到生命葱绿的密码，人与植物，哪怕是脚下最卑贱的植物，都以包容万物的心态，继续在水面之上，时间之上生长。用生命的光亮执着于照彻大地。我们呢？谁的内心还有那一丝温暖的光芒？

波光之上

水烛,其实就是菖蒲,亦叫香蒲,香蒲只是揭示出植物的特点,没能道出植物内心的坚守。我青睐于水烛这个诗意的名字,水是滋润万物的元素,烛是照彻万物的光亮。有没有一种植物拥有照彻水面之下或之上的光芒?如果我们走进水域,解读她的名字,你不能不惊叹,当初起出这样的名字,绝对是世间少有的音符,是充满神性的想象。

水烛生活在水中,茫茫水域,无花无柳,却有这么一丛植物,从水底兹兹冒出来,遍身裹满碧绿,密匝匝地亭亭玉立于水面之上,把苍白空洞的时空充溢生命的涌动。然后从深邃无言的水面上,从碧绿的内部,开始孕育,开花;到了秋天,茎干上端就会生出艳丽的蒲棒来,越到深秋越是膨大,颜色也由刚开始的淡黄逐渐变得深黄、棕黄,直至绛黄。蒲草茎干最顶端的雄花脱落之后,其生在下端的雌花会一直保持到初冬,此即俗谓之蒲棒。蒲棒的形成是蛮有韵味的。据资料考证,这蒲棒是水烛雌花孕育成的,雄花则在雌花之上。这有趣的特征让人莫名想到时尚的男女,男人顶天立地,撑一把油纸伞,在雨天为女人撑起一方天空,女人在男人的世界里,开着美丽的花儿,散发着芬芳诱人的香味,做着轻烟一般美丽的梦,楚楚动人,回眸惊魂……

水烛本身的绿就够人类细细品味了。能使一江春水,化作万顷绿波,摇曳在水波之上,拓展生命的足迹,让我们看到水是活的,土壤是活的，甚至水面上的日子都是那么充满灵气。特别是那笔直挺拔的身躯。水烛看上去是纤弱的，禁不住水面上的风雨，但蕴含着无限的坚韧之劲，从虚无处葳蕤一片绿地。我不知道在苍茫的水面之上，辽阔之上，一丛丛水烛有何作用？到底在彰显着什么？一片水域的孤独伴随着一群水烛的孤独，一个万物相依的境界呼之欲出，水为水烛而生，水烛是点亮水的眼睛？水烛之上，我们没有看到明亮的光芒，多见那些高飞的鸟群，偶然会当作停息的月台，或者流动的家园抑或一片清凉的绿地！

人与鸟不同，人在"吃"这本书上已经写下清晰的文字：其嫩芽可生吃，根可炸、蒸或晒干磨粉做饼。《诗经》上即有"其蔌维何，维笋及蒲"之句。纵然有那么几句"青罗裙带展新蒲""夹道蒲荷长欲齐""蒲芽出水参差碧"……也不过是粉饰人类的胃部而已。即使有水烛的知音也不过是从疗伤的角度出发。医药学家说，蒲棒锤顶部的黄色花序，就是上好的民间中草药（草蒲黄）。现代医学证明，蒲草具有调经、理气等保健功效。《本草纲目》里记载：蒲草，气味甘平，无毒，主治口中烂臭，去热燥，利小便，补中益气。

每一种植物，都是一盏灯。水烛的最后，上演的是一出让人疼痛的一幕：西风下，原本凌波的傲然，只幻成了一绺绺的丝缕、团絮状物，带着细小的种子飘散四方。一种生命走到了尽头，无数鲜活幼小的生命从四面八方开始新的跋涉。

还好，在水底深处，水烛的根还在。

根在，水烛就不会消失，那光芒就不会熄灭。

承载温暖

我对水烛的关注已久,特别是他们偏隅水域的一角,在不知名的时空里,潜滋暗长。抽出细长碧绿的叶子,长出赫黄色的蒲棒。无数柔弱与秀美的绿叶,在晨曦的微风里,恰似一位披着长长头发的女子,站在诗经的那条河流畔,在天地间,遥望着,沉思着。似乎大地的承载与天空的深邃都无法阻止她那神思与惆怅。千百年来谁也读不懂她内心的密语。

有趣的是,人类读不懂水烛,就在历史的某个时分,用羽毛沾着时间的露珠,在那细长的叶子上刻下文字。这是短暂的一段历史,是在沉重的竹简消失之后,在纸张还没有孵化之前,蒲叶就是文字的船桨,承载与肩负着人类前行的足迹,甚至有时候蒲叶也会秘密地给人类自身传递情报。但蒲叶从不去读那些同类杀戮、刀光剑影和口蜜腹剑的名利纷争。一切都是浮云。对于蒲叶来说,在天地间活着,有滋有味地生长,保持向上的姿态,这是最好的方式。"天空中没有留下飞鸟的痕迹,但我已飞过。"眺望的水烛,需要担起的就是一盏灯的光芒,只管照彻,无关风与物。一根根蒲棒,举着沉甸甸的重,直竖竖地向天穹。那别样的重;明知道过分的负荷会导致自身的折断,可这与生俱来的重,却无法拒绝与躲闪。

谁能洞悉水烛经年的负重?

人类才不关心草类的轻与重。人类这个常青藤，永远膨胀的是一张大嘴和那填不饱的胃。即使无法下咽，依然要找出下手的动机，这是占有与自私的心理在作祟。实际上，与水烛为伍的，都是些在泥土里摸爬滚打的农人，从水烛身上走过的人，早已失忆了昨日的灯盏。这些与水烛一样在自然与天气中挣扎生长的农人，大地给他们的除了泥土和村庄外，剩下的就是这些千奇百怪、种类纷繁的草丛了。草，是他们日常生活的目光，是他们无助的庇护与依靠。

据《礼记》记载，周朝时水烛与生活就纠缠在一起了。农人把水烛的叶子晾晒干后，编成休养生息的蒲席。轻盈的蒲席，托着沉重的肉身，安置着农人淳朴的夜晚。农人的夜晚很简朴，多与庄稼、大地和天气有关。在他们的生活或者梦乡里，惦记的就是那一日三餐、生老病死，温饱与平安是最大的梦乡。他们选择以蒲为席，因蒲叶来自大地，与泥土亲近，农人与泥土最贴心，家中有田，农人则心安。随着对水烛的熟稔，农人对水烛有了新的开拓。夜晚中从水烛叶子上传递过来的温暖感染了农人。斗笠、草鞋、草席、草扇、草帘等走进了农人的生活中。曾经的乡间，多见农人头戴斗笠，身披蓑衣，脚穿草鞋，徜徉在旷野中，这装束确乎乡间的稻草人，远飞的鸟儿时常把他们当作栖息的地方，大胆的还在头顶上停留片刻。对于水烛编织的物什，在农人看来似乎是生活的选择，他们还没有多少返璞归真的意识。但是农人们知道，让生命活着，这是最重要的，至于身外之物，何乎讲求？

古人则说"一蓑烟雨任平生"，世界之大，不外乎安置五尺之身。与大地、自然搏斗的农人，他们与自然最近，只隔着一条水烛席的距离，而对比都市中的人们而言，又有多少纸醉金迷或灯红酒绿？失眠与

　　浮躁成为都市夜晚一个个逃窜的动词。唯有农人，简朴的生活，自然的心灵，他们的心中装满植物般的心事，在大地上恪守岁月静好的境界，保持着生命的原生态。

　　一件物什与生命、生活息息相关时，这物什就变得神秘与深邃了。水烛亦是。一旦水烛换个位置，不再是身上的蓑衣或者脚上的草鞋，变成了传说中捉鬼专家钟馗手中的蒲剑，或者走上端午门楣上，信奉自然、神灵的农人立马恭敬起来，这水烛不再是一棵植物，物性消失，神性生成，而是一种宗教，正俯视着农人，庇佑着农人。至今，多少农家小院，端午时节依旧高挂水烛、艾草，驱邪避灾。可见，在自然灾害或者莫名的灾难前，农人的依靠仅是这些田间阡陌、水塘里的野草，救命的野草，命运岂是这草能拯救？或许，在农人看来，自己就是田间行走的稻草人，与其他植物何异？都是大地上的一群植物，只不过会开口说话而已。

　　卑微的农人，在沉重的日子面前，如何能轻盈得起来？唯有诗人们，在水烛身上，总能找出性情。"君当作磐石，妾当作蒲苇，蒲苇韧如丝，磐石无转移"。这蒲苇就是水烛。坚韧的水烛恰似《孔雀东南飞》中刘兰芝的执着爱情，至死不分离。这场爱情悲剧里，水烛由自然物转化成人的情感的承载物。这绵绵不断的情思，正是水烛与生俱来的气质。

　　也许自然的爱情是最牢不可破的。

草根生活

回归植物身边,这是我应对目前生活的一种方式。好比写作,福楼拜说,写作也是一种生活方式。不管是都市还是田园,我们的背上依旧烙印着"草根"二字。谁的昨天不是与草为伍?大地上的草养活多少我们?吃着草根,人类从泥土上站直了身子。但我依旧怀念过去的日子,外出旅游,看到一只草鞋或者水烛草帘,似乎与久违的亲人相遇,那亲切、带着生命的体温驱赶着我走上前去。抚摸、感知与拥入怀中,扑鼻的来自乡土的气息,如我的气息。

我知道,如今精致的生活谁还是草民?丰富的化妆品与形式多样的皮草,把生活越来越远离烟火,远离大地,臃肿的身子瘦弱的内心逐渐在太平的粉饰中无法触摸与感知了,怀疑、金钱、礼品、欲望、贪婪,一层层包裹着,淹没着。随之消失的是简朴、单纯和真实。

这些水烛的草编织品,似乎是我们生活的昨日镜像,用反光的方式,用一件件可以穿透时空的自然之物,越过沟壑与深渊,抵达我们被层层栅栏与樊篱包围的内心。用粗糙代替精细,用简朴代替豪华,用原始代替包装,还原生活的面目,还原生命的根本,还原人类的最初行走。在当今生活的微弱光亮中,我倍加怀念千百年前古人穿着蒲草鞋行走的背影,怀念那坐在蒲草垫上挑灯夜读的月色。因为在这些水烛编织品面前,我们找到了一种久已消失的光芒,与古人简朴生活的心灵互应、对接。正是水烛编织品,让我们复杂、浮华、虚化和迷乱的生活里有了本真的镜像,有了与日月星辰同在的草木本色。

我们不能再花哨了,再花哨我们找不到自己了;我们也不能再包装

乡村物语

了,再包裹世间哪里才有真相?我们就把自己当作一棵水烛,极易被忽视的卑微水烛,在晨光里碧绿,在时间里生长,挺直身子向上,在大地上彰显草根的根系。

几千年前,我们就是靠着这些水烛、水芹等之类的野菜走出时间的荒原,走出历史的封面,草根、草叶、果实、花朵等曾都是我们的腹中之物。一天,一年,一百年……用坚韧和卑微养活着人类。那时我们都是匍匐着身子在大地上寻找。我们的头颅我们的身子高不过任意一棵水烛。

现在,我只想说,让我们沿着水烛的微光,走向原点,打捞我们久已失去的本真、质朴、坚韧……至少,在苍茫的寒冬,我们不至于在水烛四下纷飞之际,瞬间白了头。

谁是最幸福的人?乃是能感到他人的功绩、视他人之乐如自己之乐的人。

——歌德

第十辑

大地内心的铁

铁,坚硬而又冰冷的铁,或生锈或光亮的铁,一旦走进生活,我们就会感悟到生活壁垒的坚固与寒夜的月光。挥动我们手中的铁吧,铁有了热度,我们的生命就有了温度。

居于高楼，在繁华与浮躁的空间，俯视城市宽阔的马路、霓虹的灯火，猛然间有一种失重的感觉，似乎人类已经脱离了生养我们的大地，成为失去泥土的庄稼，抑或无根的浮萍，随波逐流或者身不由己。那一瞬间，我忽然念及锄来，想手中要是有柄锄就好了，挂着大地，这样才会感受到大地的沉稳，人才有活动的灵气。

锄，貌似简陋耿直的农具，是每一农耕人家必备的物件。深入农耕文化深处，一部华夏的几千年农业史，哪一章节不是烙印着她的指纹与汗珠？哪一处标点不是镌刻着她的疼与痛？无论贫穷或者富贵，狂风还是暴雨，都是一柄坚硬的木质与冰凉的铁在大地的夕光中劳作，抵御岁月的洗礼。纵然历史的史册铜墙铁壁，你随便打开一页，都会发现它的根部，都是由一群群草民在垄上躬耕，用这朴素、温暖的动作装订着。

据资料记载，西周以前就有锄，不过都是石锄，也有极少数的铜锄。战国以后遗址中发掘到的多是铁锄。《王祯农书》描述铁锄道："其刃如半月，比禾坺稍狭，上有短銎，以受锄钩。钩如鹅项，下带深绔（皆以铁为之），以受本柄。钩长二尺五寸，柄亦如之。北方陆田，举皆用此。"古诗有云：锻金以为曲，揉木以为直。直曲相后先，心手始两得。秦人望屋食，以此当金革。君勿易耰耡，耰耡胜锋镝。"（和圣俞农具诗十五首其十二《耰耡》）带着土地的厚重日子的沧桑，一同凝结成这穿透千古、桀骜不驯的锄了。

锄头是乡间主要的农具之一。它大抵由锄体和锄柄两部分组成。锄柄笔直，用韧质木制成。"立"时微微欠身，横卧时其"头"俯下，谦恭倍至，宛如我们与泥土生死相依的农人，对土地、对庄稼对岁月河流里所有的事物，充满着虔诚、崇拜与隐秘，有种生死与共的相依相偎。昔日的农人，不是面对天气、大地或者日头，就是与农具、炊烟对视，他们的世界里，唯有这些才是他们依靠的对象。靠天气生存的农人，除了自己，谁还能做最后的依靠？农具，早已与自己合二为一了。我们所用的锄基本有三种，即大锄、板锄和扒锄。大锄长约长两米左右，由"锄脸"、曲钩和木柄组成。"锄脸"扁方，刃口呈月牙状，曲钩形似鹅颈，弯曲修长，钩尾受以木柄。大锄把长体重，适宜于大面积秋作（玉米、高粱等）田地间的锄草、松土活动。板锄与大锄在形制上有些相似，但板锄"锄脸"下宽上窄，外形呈弧状，曲钩较短，颈部曲线较陡，用于在土质较硬的地里锄草、翻土、整理地垄等便于施力。这两种锄头的刃面与锄柄之间形成了一个斜度，执锄者不用弯腰曲背便可轻松锄草。另有一种短小的手锄，柄长尺许，"锄脸"呈扇形，可蹲踞田垄间自由操作，方便简易，俗称"小扒锄""小挠子"等。

乡村物语

　　锄与农人共呼吸，一起说着庄稼的语言。泥性的词语遍布田间，像风中的信子，随风四处扩散。如"多锄草，籽粒饱""千锄生银，万锄生金，一锄不动生草根""苗怕草欺，草怕锄犁"；保墒时有"锄头底下三分水""无雨不要怕，紧握锄杠把""浇水不锄地，出了傻力气"，等等。锄，它与庄稼呼吸在一起，与农人共命运。融入农人的生命里，是庄稼的节气，土地的守护神。

　　"锄头响，庄稼长。"锄的功用主要是除草。试想，如果庄稼不除草，任凭田禾与杂草赛长，那庄稼还会有多少收成呢？只有清除了庄稼周围的杂草，让庄稼独享肥力与水分，庄稼才能长得茁壮，农人才会五谷丰登。父亲就是远近有名的庄稼汉，曾经硬是靠半亩口粮地养活一家五口人。父亲说，庄稼从出苗到收割，要锄够三遍。锄地锄地，锄草亦锄地啊！第一遍叫间苗，即剔除掉多余的田苗，庄稼厚不利于吸收充足营养；第二遍叫松土，庄稼身边的泥土只有疏松，庄稼才会长得更滋润的；第三遍主要是给庄稼培土，防止长高倒伏。三遍锄毕，按农人的术语就可"挂锄"了，即将锄头挂在墙壁或房檐下，不再使用了。依农人的经验，锄够三遍的庄稼，籽头重，果实饱满；而只锄一两遍的庄稼在收成上就要大打折扣了。父亲视土地为命根子，一有空闲，他总要扛着那鸭嘴锄下湖劳作，把土地翻过去掉过来地侍弄，直到无一杂草，且地异常蓬松。

　　父亲锄禾，亦如其他农人般，均选择在烈日下，阳光不毒辣不锄草。这是除草的最佳时期，也是农人在烈日下最痛的炼狱。阳光白花花地照彻着农人赤裸的上身，黝黑的皮肤上河流遍布，汗水啪嗒啪嗒地砸在新翻的土壤上，悄无声息。这点声音，大地是感受不到他的分量。但却凝结着农人日子深深的苦涩。收获与劳作，从来是布满在生存的狭窄小道上。正午，大地像火笼，片片阳光，似团团烈焰，在父亲的身边聚集。父亲戴着斗笠，肩搭着毛巾，在葳蕤的玉米地里埋头锄地。脸上、身上汗水成河，顺着臂膀、裤脚流进泥土。至此我似乎感觉到，农人的粮食哪里是地里长出来啊？分明是我的父辈们用生命的汗珠喂养大的！饱蘸着天气的阴晴和日子的困难，统统都倾注在脚下的这块土地上了。那专注的神情，那执着的动作，就是再大的河流也带不走他。他右手自如向前伸展、左腿自然后蹬，或者左手向前伸出、右腿用力后伸的单纯而固执的左右轮回。锄头在玉米棵里穿梭，划破泥土的肌肤，铲除杂草，虔诚庄重。这庄重是对土地、生活本身的尊敬，更是对这劳动的尊敬。父亲执拗地认为，阳光是最好的肥料，每多锄一棵杂草，就是多一棵丰收的庄稼。只有在正午锄掉的杂草才可能在最短的时间里因为水分的缺失而死亡。这样，一个农业活动中最简单和惬意的农活，却变成了一个人与庄稼与泥土的战争，锄也因为与人同样承受了苦难变成了一个富有人情味的武器。

父亲没有文化，格外地崇敬文化，对我的学业倾注殷切希望。村里有位老学究，过去称之为秀才。父亲对他无比信服。农耕之事，只要秀才需要，父亲逢叫必到。父亲说，他是大老粗，没有文化，只有这不值钱的力气了。到老了，恐怕连这点可怜的力气都没有了。他无法用纸上的文字教育我，却把大地当稿纸，用锄头作笔，用颗粒饱满的麦穗展示他的锄文化、他的识字课本。父亲还告诉我，使锄也是一门学问呢。锄禾，松土，同是锄草，但锄禾与松土却各有各的讲究。锄禾要的是位置适中，除去杂草，还不能锄到庄稼苗；而松土却是要到边到角，深浅适度，深了有害，浅了无益。父亲的话语一直烙印在我心田上。这何止是锄文化？而是生命的文化，灵魂的甘露。庄稼需要阳光的炙烤，泥土需要精耕细作，生命焉能缺少铲去杂草的锄？没有锄的拷打，人生怎会赢得金秋？但我也深深为父亲的劳累感到心痛。沉重的负荷，不是一柄锄所能承担的，那是千万农

人生存的重荷。看着被磨得发光发亮的锄，我知道，该是我们接过锄的时刻。因为父亲那额前的亮光终有一天会消失的。

敬仰锄，敬仰大地上无数荷锄的农人。曾经，他们在阳光下用一柄弯弯的锄，以匍匐的姿势虔诚地面对生活，承载几千年农业的苦难与坚贞，践行着一个农人与泥土最真挚的情感，最忠贞的使命，最沉重的责任和最艰难的生存。行走在农业的深处，我依旧感到大地的神秘与沉重，大地隆起的身躯，在我看来，在地底深处，是无数农人用坚韧的脊梁扛起无数的日子。他们，是我们生活的支点，是大地的脊梁。每一个后来人的心口，即使在白皙的皮肤上，总会烙印着昨日锄的图腾，她，是我们农人的胎记。当一个个馒头或者一块块面包在口中满嘴生香之际，我们总会莫名其妙地咀嚼到一根刺。一根来自泥土的刺，来自庄稼深处的刺，对准我们物质的胃或者精神的胃，深深扎进。

它的名字就叫锄，一根异常坚硬的肋骨。

能把自己生命的终点和起点联结起来的人，是最幸福的人。

——歌德

第十辑 大地内心的铁

陷落甚至坍塌。我越来越深陷于农具落寞的境地中了。隔着各种纸醉金迷的灯火、颓废迷茫的脸庞，红色的头发、紫色的唇，还有泛滥的吻，我开始怀念乡间墙上深挂着的犁铧了。这木质与铁质的武器，怀揣着木的火焰和铁的利刃，裹挟着大地与生命的气息，在寂寥的乡野上，与泥土亲吻，与农人相依，没有山盟海誓，海枯石烂，却是一生的坚贞，直到灰飞烟灭。

今夜，犁，让我沿着秦时的明月汉时的土地，沿着锋利走回历史的阑珊处，身穿蓑衣，头戴斗笠，躬身劳作在乡野。

作为一种古老的农耕工具，以牛牵引用于翻土、直立行走的犁，这个人类社会发展史上最重要的农具，中国农耕文化的活化石，划出一道耀眼的光芒。追溯犁的前身，它的乳名叫做耒耜。耒耜，古代的一种翻土农

具,形如木叉,上有曲柄,下面是犁头,用以松土。据传由炎帝首创。《易·系辞下》载:"神农氏作,斫木为耜,揉木为耒。"《说文》中云:"耒,手耕曲木也。"《礼记·月令》记载:"天子亲载耒耜。""耕者忘其犁","纵有健妇把锄犁"。犁的历史悠久,她经历了四五千年的风雨历程。据悉,我国春秋时代就开始用牛拉犁耕田。

在人类还不能真正挺起腰杆走路时,只能借助自然的造化,向山石要锋利。石犁,是他们最早的农具,接着木犁,铁犁……逐渐由笨重到轻盈,从实用到美观的历程。人类在匍匐行走的时刻,似乎就读懂了大地的重量。在笨拙地膜拜之后,从直立行走的直辕犁,到今天我们常见的鞠躬尽瘁的曲辕犁。

读犁,利字下面是个牛字,注定牛是大地的服役者,成为大自然里最重要的开拓者;是牛一生的追随者。而利字,则是人类的利字,与牛无关。当然利字是属于农人的,属于驾驭犁铧的人。其实,对于土里刨食的农人来说,那个利字能有多少分量呢?恐怕留给人类的除了沉重还有负重。犁由牛轭、犁杠、缰绳等构成,铧,是犁的末端部分,是进入泥土的铁,是解剖田地的手术刀,人类伸长的手臂,一支测量大地冷暖的体味表,一双在泥土里刨食的筷子。完整的劳作,还需要人、牛、犁铧和缰绳,这样,开动大地的机器才会运转。回想人、犁铧、牛三者的纠缠于厮磨,越过生存与大地,我们会发现似乎这是一出悲剧,对牛、犁铧还是人来说,都会在时间的河流里逐渐老去,直到化为尘土。大地是我们这些流浪者的故乡,是我们永恒的皈依与家园。

当我们在记忆的深渊里解读犁时,我们不能不崇敬我们的祖先。犁最智慧的地方,一是犁壁,即安在犁后面立起的铁片,光滑有斑纹。犁壁有单面、双面之分,单面可向一个方向翻土,特别适合不需开沟起垄的水田，而双面犁壁则可同时向左右两面翻土。这样，耕犁的功能除了松土外，还兼有翻土、碎土的性能。另一是扶手，到丁字形的扶手，经年与农人并肩作战，驰骋在大地的战场上，把粪土、种子埋在土里。粗糙的木器已深深烙上农人的手纹，光滑，闪亮，汗水浸过，岁月泡过，带着农人的体温，融入原野的命脉。而那木纹也成了年轮，一年年把农人的生命刻在了弯下身子的犁铧上。

犁，不由地让我们想起两个词语："犁旦""犁明"。天将亮未亮之时，又被称为"犁明"，即"黎明"。犁田的农人，日出之前就已开始劳作，故"拂晓"也被称为"犁旦"。《史记·南越尉佗列传》："犁旦，城中皆降伏波。"人类的日子不正是犁翻开的吗？

犁是让人尊重与敬畏的。不要小觑这木与铁的组合，如果把农具排行的话，犁应为农具之首。对着土地佝偻身躯，不是软弱，不是屈服。那是对土地的虔诚、膜拜，是对农人的坚贞，对人类走到今天弯弯曲曲的道路的浓缩与写照。它耐苦、执着和坚毅，像动物界中的老虎，一旦拉到旷野，就是它驰骋的天下。荒芜的田野上，犁，一支如椽的大笔，在农业的稿纸上写下春华、秋实。当然，有时我也会把自己想成暴君，充满暴力的想象。我以为那冰冷或者炽热的犁铧，用寒光剖开大地的肌肤，充满无限的疼痛与破碎。大地在锋利的欺凌下，有多少无言与沉默，都在四季的孕育中！这也只有农人，忠诚于土地的农人，才会悟透土地深处的重金属。

当夜色渐浅，晨光未开之时，大地一片寂渺。农人已打开夜色的大门，走向旷野深处。沉默的牛拉着憨实的犁，一同俯下身子，向着旷野走去。踢踏踢踏的声响，是沉沉的鼓点，苍劲有力。掀动的泥土混合着春天的水系，滚动的声音，宛如阵阵春雷。一个生于泥土葬于泥土的农人，一头无言忠实的牛，一把传统的曲辕犁，在时间与空间里，开垦着原野、炊

烟，还有整个农人的生存。人与田野，人与牛，人与犁，谱写着大地的历史。人类，一部文明史，何尝不是一段深深浅浅的农具史？消失或者再现，即使再弯曲的身子，都是从大地上走过。

吾父辈仍是农民。父亲的那张犁至今在老家的山墙上。空荡荡的老屋，一张弯曲的犁，却布满屋顶整个的天空。奔走的犁，空旷的野，还有激昂的号子，瞬间沿着弯曲的犁柄，沿着农事的经脉，汹涌进来。细细抚摸着犁，想象祖先们是怎样握着犁把，晃动犁铧，犁出了一页页人类灿烂的生存耕耘史。

顺着犁躬下身子的地方，我离开了生我养我的田野，离开了在乡间劳作的犁。但当我偶遇犁时，我必须俯下身子仰望它。我依然能够感受到祖先汉子们握着它时内心的欣喜与希望。我以为，犁倒下去，终究是犁铧，而我们倒下去，还不如犁铧，只是一堆黄土而已，是旷野失踪的孩子。犁在农具中是沉重的，而且是经年的沉重。一种穿越了数千年甚至数万年的沉重，土地的沉重，日子的沉重，多少农人曾经披星戴月、挥汗如雨？以生命为犁铧，以岁月作为他们辽阔的旷野。他们，像犁般把头颅一律向下，呈现一种扎入和开垦的姿势，一种努力深入的姿势，深深埋入土地的怀里，吮吸大地的精华，喂养一个金色的年头。于是，人类的历史就深入了文明，深入了繁衍昌盛。

对于土地，农人是上苍派来的最忠诚的读者，从泥里生，又回归于尘土，只有他们，才懂得大地的心情，才能与大地默契交流，只有他们才珍惜土地，感恩土地，精心侍弄土地，只有他们才把土地当作命根子，把一生都抛撒在旷野的怀抱中，任天气与命运垂青自身的劳作与生活。

而我们生活的城市里，农人是落伍的一群，喑哑的一群，泥性的脚踩在战战兢兢的斑马线上，他们却感到生命的道路上随时随地会亮起红绿灯。到处弥漫着的是奢靡、挥霍，到处充斥着显贵富豪们的吆喝狂笑和一掷千金。曾经，他们用赤色的胸膛垒砌了田野的高度，如今，城市用钢筋水泥的冷漠迎接他们，包括那张犁，甚至包括它犁过的上下五千年甚至更长的历史，纵横八万里甚至更广的史册。从犁铧的弯曲上沸腾出去的泥巴，谁还会低下头仰望辽阔的大地，或者躺在大地的怀抱里，说着泥性的一切。

城市是拔高的旷野，高楼是长高了的庄稼。楼群越高，就离农具越远，离农人越远。直起腰来的身子在从农具的图腾下钻过去，已经成为传说了。

陶渊明诗云："秉耒欢时务。"今夜，就着日光灯的光芒，我扒开城市的缝隙，去阅读，去思索：水泥是泥土的前身，钢筋是农人的背影。红尘滚滚，看淡了功名利禄、荣辱浮沉，也许心中自有一片旷野，需要我们用大地的心胸，犁铧的身子，贴着地面，俯身耕耘。

你想成为幸福的人吗？但愿你首先学会吃得了苦。

——屠格涅夫

耧

耧总是远距离地躲避着我。虽然我们之间并不陌生。因为在我落地之日，曾与耧有过一面之缘。我与耧的距离，是大地与我的距离，还是时间与我的裂隙？但这并不影响我对耧的解读与追寻。

我时常在黑暗中想象她那刚毅坚硬的背影，褐色的素朴中似乎总有一种铁质在支撑着。静默的时间钟摆里，我听到一种划破泥土的声响，似锋利的刀锋划过雪白膏腴的皮肤，脆生生地，夹着生命的呼唤。那是古铜色的木质耧与冰冷的铁器在时间的水面上，剖开人类缓慢的竹书？沉重的大地课本啊，也许非耧不可。

回首前尘抑或往事，耧，叫耧犁，也叫耧车。《通俗文》里说：覆种叫耧，又叫耧犁，其铲刃像犁镜而小。不同的乳名，都蛰伏在旷野的深处，种植着岁月的歌谣。她主要由耧架、耧斗、耧腿、耧铧等组成。耧是个心思复杂细腻的家伙,她没有锄或者镰刀等农具们单纯、豪爽。在耧的身上,许多深邃、隐藏纤毫毕现。她可以代替许多农具干活,甚至包括人,把许多劳动从自己的手中解放出来,或许这就是复杂的使命。在收获的时间水面上,抛头露面的是耧,水下是镰刀或者锄。农人用过镰刀、铲等农具总是很不心疼地一抛,而耧则掌上明珠般,擦拭,再擦拭,直到泥土剥落,露出内心的光芒来。

据东汉崔寔《政论》记载,耧犁是西汉武帝时搜粟都尉赵过所发明,"三犁共一牛,一人将之,下种挽耧,皆取备焉,日种一顷。"这种耧犁就是现在的三脚耧车。耧车有独脚、二脚、三脚甚至四脚数种,以二脚、三脚较为普遍。王祯《农书·耒耜门》记载,两脚耧的具体结构为:"两柄上弯,高可三尺,两足中虚,阔合一垄,横桄四匝,中置耧斗,其所盛种粒各下通足窍。仍旁挟两辕,可容一牛,用一人牵,傍一人执耧,且行且摇,种乃自下。"而韩琦则在《祀坟马上》中曰:"二茔逢节展松楸,因叹农畴荐不收。高穗有时存蜀黍,善耕犹惜卖吴牛。泉干几处闲机硙,雨过谁家用粪楼。首种渐生还自喜,尚忧难救赤春头。""粪楼",即"耧车"也。

历史难掩耧的光芒。耧在历史的阡陌上留下太多的记忆与折痕。她的每一滑动,都是在大地的肌肤上播下生存的希冀。从粗糙简单的犁铧到复杂的耧,人类向前迈进了一大步。前行的代价注定要用人类自身的劳作来推动的。耧的出现减轻了人力劳作的痛楚。特别是三脚耧在乡间多见。耧不仅解决了土地的翻耕细碎过程,还一次性地三次播种。分行的播种更有利于种子对阳光雨露的吸收,以及除草的劳作。木讷的耧居然还深裹着科学的细胞,艺术的因子。这充满原始与气力的机械,居然在种子与阳光里留下缝隙,给雨露和风一些气息。

乡村物语

耧在《现代汉语词典》中赫然解释着：是一种畜力播种的农具。耧的对象是牲畜，可是那驾驭着耧者，有几牲畜？匍匐者一定是那在风雨里、在晨曦中、在残阳里低头前行的农人。悲乎？人亦牲畜，牲畜却凌驾于人。从耧时代过来，我惊异于现代人的生存环境，今天的人们已经可以不着一点土就可以实现颗粒归仓。在庄稼与粮食之间，距离已经被科技铺平了。这是可喜的事情。毕竟人类向前迈进了一程。但我依稀感到一丝喟叹。有一种冷漠的感觉在其间弥漫。昔日劳作虽苦，但人与耧，耧与大地是血脉相连的，血水、汗水、泪水融为一体，大地的温度、耧的温度也是人类的温度。而现在，站在都市的高楼上，看着远天远地的旷野，我看到莫名的寒冷丝丝传来。

我没有使用过耧，因为父亲看不惯童年的我对大地的笨拙，无法在大地上种植下种子，或者对于大地与庄稼的活计，父亲对我不放心。在他看来，这是非常神圣与严肃的事情。一季庄稼坏掉，那一年的收成一家人的口粮也就担忧了。如今再见到也只是在乡村旅游中看到静止时光里的耧，早已落满尘埃，使耧的人也化作尘土。纵然这样，我还是从满脸灰尘的耧上，看到她昔日与农人一道，在大地的舞台上上演着与旷野的肉搏战的一幕。农人肩膀上勒着沉重的绳索，上衣早已抛开，固然是春寒料峭的时光。清冷的晨曦从天边喷薄而来，丝丝缕缕地，给大地披上温暖的外衣。农人赤裸着胸膛，赤裸着暴起的青筋还有憋红的脸庞，坚韧地拖着耧前行。一步一滴汗水，一步一个太阳，沿着种子一并种植在大地的深处，麦穗、稻穗甚至鲜艳的红高粱、玉米，哪枝金穗不是耧在岁月深处的孕育与点化？一粒粒果实，烙印着阳光的元素，闪耀着惊人的汗水。农人哪，在抵达秋天的路上，如何越过季节中的沟沟壑壑？一只耧，一位赤裸着上身甚至灵魂的农人，还有几粒时间与生命孕育的希望，在与泥土最赤裸的对话中，从简陋的劳作里博取了生命枝头的果实。这是耧的生活，也是农人的生活，从根本意义上说，这是农人艰涩的生存。在生存简单的搭配里，充满着希望，充满着火焰，充满着血色的光芒；是汗水与泥土的歌，是肉与耧的诗，是灵魂与时间的画。活得赤裸，活得纯粹，活得硬气，活得艰难，活得也伤痕累累。

我很乐意从情感上探讨旧时代的耧。固然显得那么不合时宜。但想当年农人把握耧的瞬间，是心存感激的，在与泥土的战场上，多了一位沉默而又体恤的战士。只有耧懂得农人与旷野的艰涩。耧来了，与农人站在一起，对抗生存。所以，我们与耧是血脉相连的，无论木质的还是铁质的耧，都会传递着一种秉性，一种精神，一种蕴涵着生存意义上的隐语，木质的火焰与铁器的坚硬是如何在泥泞与沉重中制服赖以生存的旷野。我或者父亲都无法忘却缰绳下的背影，那躬耕的姿势，力透大地。乡间，每一头牲畜都是一个响当当的劳力。没有牲畜的时刻，我们就要经常客串角色，充当牲畜，在旷野上劳作；把力气下在脚下黑色的土壤里，催开季节的萌芽。甚至有时我们还要充当种子，没有希望的种子，耧开的伤痕里，把汗水种植下去，把泪水种植下去，把无谓的力气种植下去，甚至包括自己。生于泥土，当然还要死于泥土嘛！在乡间，耧、农人与大地生死相契，血脉相通。

在农具森林里，我常想着耧、锄等，它们何尝不是农人延长的手臂，从生命的枝丫上截取一段，拿着莫名的利刃，划开大地灿烂的一角，让后者进入，成为大地上方的主宰与飞翔者。飞翔者的快乐里，再也不会感受到那些质朴的农具们，木的火热、铁的冰冷，在火热与冰冷之中，谁会看到曾经的农人披荆斩棘？谁会看到曾经的农人最后的落幕？

我必须为农具说点什么，或者我必须成为农具的诉说者。否则，在沟

乡村物语

沟壑壑的旷野里，我无法说出庄稼与农人与命运的秘密，说出大地上那些沉默无言的事物包裹着的隐语。对于农人，或许原始的生产工具，烙印着他们的悲欢与伤痛，日子的深浅和黑白。而令人遗憾的是，最后的剧终，只有农具的落寞。一把锄或者一只耧，要伴随着多少肉搏的岁月，最后送客者终是自己。就像今天，在喧嚣之外，农具在静默的博物馆里，间或几个过客匆匆走过，瞬间卷起尘埃。

越过耧，越过农具，火光冲天。农具越来越陷于时间的灰烬，是庄稼的祭奠者，宛如火语者，直到渐渐熄灭，成为废墟。但是，她的背影，她铿锵的昔日终将被天空、大地所洞悉。恰如那三脚耧，天、地、人三根肋骨，支撑着人类向前行走。

在每个国家，知识都是公共幸福的最可靠的基础。

——屠格涅夫

第十辑　大地内心的铁

回忆。我越来越深陷于农具的深处。农具是大地奉献的另一道风景。与草为伍，与土地为伍，与大地上活着的农人，一起在时间的旷野里沉默或者隐现。

作家李锐说，正视农具就是目击历史。"有多少种命运，那些农具大概就有多少种用法。"比如一把镢就是农人叩问大地的棒槌，是寻觅生命物资的依托，是支撑农人回家的拐杖。

解读锄、镰或者镢，对于这些有着两千多年历史的农具，任何怜悯和同情，都显得颇为单薄、轻浮，甚至虚伪做作。它们负荷着时间的重量和五千年农业的文明史，沿着阡陌，不歪不斜，稳稳向前走着，直至消失、消失。

镢，俗名大锄，因由铁制成又叫铁镢，古书里也称为鐯，一种掘土农

具，类似镐，一种农人使用最多的农具。最早见于商代，春秋战国时较多。《资治通鉴·唐纪》记载：镢其城为坎。清朝马益著所著《庄农日用杂字》也云："开冻先出粪，制下镢和锨。"历史给予镢时光的深邃，这就预示着镢的负重。历史的每一页无不是镢刨开的。

镢，只要是铁质的，就可叫铁镢。铁镢分大小两种。小铁镢又叫板镢。平时人们所说的铁镢指大铁镢。大铁镢，主要是活跃在农田与旷野中。铁镢的外形有点怪。镢身长约三尺，宽约二寸，厚一寸左右。镢尖处有两个"牙"。别看这两个"牙"只有三四寸长半寸宽，而且其貌不扬，然而它却是铁镢的最重要部位。做刨地、松土等营生时，全靠这两只"牙"去"冲锋陷阵"。"牙"为钢质，是铁匠后来加上去的。铁镢的尾端是弯曲的，还有一个孔是安装木把的，称为镢柄。

在乡间，从少年到成人，镢、犁铧等农具的学会使用是成人礼的标志。因把握住这些农具，就是意味着已经能扛起生活的重量，可以为生存、生活在大地上站立起来了。在乡间，会扶耧，能耩地，割麦快，耙地平，锄草净，是成人与未成人的分水岭。男孩子一旦扛起镢、锄头等，意味着成人即到了相亲、成家的时候。镢与农人是亲密无间的朋友。只要在乡间的田畴上，你扛一镢，立马你就是标准的农人。农人爱镢，甚过自己。劳动时带在身边，休憩时候枕着它，在乡场上端着碗吃饭时坐着它。要是把镢弄丢了，那真好比丢了农人的肋骨。一个出色的农人，收工时，总要将自己的镢、锄和锨擦拭得锃亮，不带一点尘土。在乡村，鉴别一个农人稼穑之事的质量，往往是看他对各种农具使用和爱护的情况。乡村的农具，一般是不外借的，农人们大都懂得这一约定俗成的禁忌，所以各家各户都会有一套齐备的农具。有了它们，日子就有了着落。

铁镢刨地是种劳动强度很大的农活。真正的农人，从来不逃避镢的分量。因为镢是大地之王,它的地位,靠的是铿锵的实力。在乡村,如果说持镰者,是朴质大方的女子;那么使镢者,就是豪爽憨厚的山东大汉。镢和镰刀的性情不同,是力的象征,镢刨在大地上,就是震耳的鼓点。让人震撼的是镢的牙齿,就是这样对于大地而言渺小的牙齿,硬是一下下刨开冻僵的土块,用力气与汗水劳作成脚下的热土。这哪里是刨开?分明是用牙齿咬开,咬碎。也许,华夏五千年的农业文明史,就是咬紧牙齿的历史。大地的重,镢的轻,中间是面对旷野、前赴后继的农人。

父亲总是把镢与犁铧等当作乡村的劳动力。在物质贫乏的年代,农人能依靠的只有这木讷的农具了,否则还能依恃何物?乡村,有的是一年四季的忙碌,多变的天气,辛苦的农活和一些土生土长的鸡鸭鹅、牛羊猪……实际上,农人依靠的是自己,是挺起的腰杆,是手掌中的斑纹,是额前的汗珠。农具,只是他们与土地搏斗的一件道具,使得原本无助的他们有了一些慰藉与依靠。

农具们也谙熟农人的心思。它们不捣乱也不罢工。农闲时,它们就敦实、本分地靠着墙角或者门后站着,默不作声。忙碌时,它们就从墙角的阴影里、灯光里走出来,弹去身上的灰尘,走向田野。春天播种,秋天收获,和农人一样披星戴月,食风饮露。农人把农具紧紧拴在大地的身上,而农具,也把农人的命运牢牢地绑缚在大地上,几千年了,日出而作,日落而息,婚丧嫁娶、生老病死,在农具的见证下,一代代繁衍着,重复着。

比起其他农人,父亲更钟情于劳作。在他眼里,劳作是他的本分,大地是他的生命,一生的时光都倾注在上面。日夜不停地劳作,则是他活着和好好活着的意义。这是父亲的命运。他的生命已经与土地融为一体,实际上,经年的农业劳作,已经让他与泥土血脉相连。离开土地,父亲则会

乡村物语

一事无成。所以父亲珍爱土地，刨地时比一般人都要精细，左一遍右一遍，乐此不疲。沉醉时还会伸出手来，把锨下的泥土捏上一捏，然后带着会心的笑。我曾多次和父亲一起劳作，同样躬身于松软的泥土堆里，只能看着父亲手中挥动的锨头，叹息不止，使动锨的，唯父亲也；依旧使锨的，唯父亲也；至今仍在保留锨的，唯父亲也！那时我看着父亲双手把锨举过头顶，似乎举火燎天，那个弧度，包含着苍穹、大地。耳畔哧哧的声响，恰如大地开花的吟唱，滚圆的汗珠顺着父亲的脸颊还有黝黑的脊背滚落下来，似乎一个个沉甸甸的秋天就从锨下奔涌而来。锨有时遇到石块，还会迸出火星来。而父亲那由直到弯的脊梁，就像一张大地之硬弓，弹出铿锵的声响。父亲是在和大地搏斗，是在和苍穹搏斗，一把锨，在大地上舞动，整个大地都生动起来了。

父亲的一生，就是这样一锨一锨地，重复着一个动作，劳作，白天与黑夜，春天与冬季，被他刨碎又重新组合。锨变得愈来愈锃亮，大地亦愈来愈肥沃；锨变得越来越小，父亲则越来越瘦弱，渐渐老去。但他那手握锨头抡向半空的瞬间，却成为烙印在我心上的画卷。

父亲把一生交给了锨。他的庄稼在村里总是头等，产量最高。这是父亲最开心的事了。他把与土地劳作，当作生命的功课，当作人生的苦乐之源。悲哀的是，父亲完全不顾时代的进步，机械化种田早已席卷乡间，他却依然固守锨、犁铧等农具，坚守原野。每次机械走进田野，父亲总说，机器们心肠硬，没有一点柔软劲，会把田地给伤害的。秋收时，父亲也舍去收割机的使用，收割机会散失不少粮食。至今父亲拒绝机器种田。他叹息道，机器种田，还要我们这些农人干什么啊？时代看来要让我们快点走了啊。望着他那凸驼的腰背、斑白的两鬓，我劝说父亲放下锨，但父亲依旧我行我素，一把锨，终日盘桓在乡野里，不放过每一片闲置的土地。老

家，满屋醒目的锹、犁铧、锄、镐等。我似乎明白了父亲这一生已经和农具合二为一了，为农具而活，为泥土而活。

父亲在乡下劳作，我在城里摸爬滚打。那些水车、连枷还有暗藏着麦香的镰刀、石磨啊，还有忠诚敦厚的耩子等。之于我，在涌上来的光阴里渐渐模糊，眼前的则是灯红酒绿和歌舞升平，酒肆茶楼，商卒走贩，充溢城市的角落。可我依然感受到乡村那些锹头上的日子，是那般安宁、静谧、稳妥。一把锹在手，就会有炊烟袅袅的生活。精彩的世界之外，我们渐渐发现，离心脏最近的不是城市，不是繁华的生活，而是有着"稻花香里说丰年"的乡村，那劳作在天地间的日子，那伴随我们经年的农具，那是我们曾经种下去的根，永不枯萎和老去。

>>>

我的艺术应当只为贫苦的人造福。啊，多么幸福的时刻啊！当我能接近这地步时，我该多么幸福啊！

——贝多芬

耙是乡间农具中最默不作声的农具，一年半载，排到它出场的机会不多，或者说轻易不出场，它只对大地负责，对种子、水分还有大地深处的秘密负责。缄默经年的耙，给人似哲人般，用沉默守护大地的心事，用坚硬对抗柔软，并时刻保持着锋利的状态。

耙的前生与后世，充满故事与刀光剑影。战争时代，它就是驰骋疆场的兵器，撕裂黑暗与侵略的血雨腥风；和平年代，它就是父亲对抗土地的武器，把带血的锋利化作泥土的抚器，梳理春夏秋冬的乡间日子。从耙这复杂的身世上，我们似乎看到战争与和平的意义。再叱咤风云，到最后均要回归大地，回到人民的中间。

耙的家族很大，撑得起来作为耙的也不少。从品质上看，就有木耙、竹耙、铁耙或者混合耙；从形状上，有方耙、圆形耙、钉子耙、星形耙、网状耙等。不管耙如何千变万化，有一点是不变的，就是贴着地面劳作，与泥土同呼吸。耙与犁铧是天生的一对。如果说犁铧是划开大地的伤口，那么耙，就是一把抚慰的大手，抚平创伤。

我要说的耙，是活跃在农田里的耙，是庞然大物的家伙，是与父亲一起劳作在水田的耙。这种耙制作起来比犁稍微简单些，先用原木打成框架，然后再在上边锲上耙齿——一些牙齿状的大铁钉，耙就做成了。

这种耙是呈"目"字形，中间有两道横梁。木质的耙框，铁的齿，像一只猛兽锋利的牙齿，前后两排，闪着黑黝黝的光芒，那是与泥土摩擦、搏斗的荣光。低矮的身子，没有站起来的高度，却有着无限辽阔的胸襟。再僵硬的石块，再空旷的田野，只要经过她的手，她的牙齿，她那匍匐的身躯，之后泥松土软，生机蓬勃。

顾城说，黑夜给他黑色的眼睛，他却用它去寻找光明。耙，她的齿，是大地的手术刀，剖开丰收的土床；是乌黑的、大地的眼睛，在黑暗中摸索这泥土，寻找果实。

父亲与犁铧、耙似乎是天生的伴侣。我记忆中父亲对农具的娴熟胜过对孩子。而且在当地，他就是典型得出了名的庄稼汉。在他的人生稿纸上，在大地劳作，在泥泞中寻求生存的物质，是唯一而又必须的使命。特别是每到年关，父亲总要给犁铧、耙之类农具贴上字符，红色的字符上写道：耙头生金子。这让人心生疑惑，这耙头哪里有金子呢！父亲神秘不语。

我对耙没有什么好感。耙的对象是碎土平地和消灭杂草，守住水分，守住阳光，守住汗水还有丰收的秘密，给村庄或者农人一个希望的暖巢。古代谚语："耕而不耢，不如作暴。"这是耙的使命，肩负着阳光的重任。这也是父亲的责任。父亲扛着耙，他的对象是庄稼、丰收、炊烟还有家中

的亲人们。耙沉重,父亲比耙沉重,耙承担的是一片的庄稼地,父亲承受的是一个家庭的生计。

父亲对我的认知却不以为然。他把我带到水田:就这刚犁铧的水田,你仔细看看吧。父亲套上耙,牵着水牛,开始耙地。黑色的泥土,在水的浸润下,变得柔软。一耙过去,白色浮着草木的水覆盖过去,逐渐成为一片水域。偶有高处的泥土还裸露在阳光下。父亲说:看出了什么?我满不在乎地说:不就是高低了些?父亲叹息道:可别小瞧这高高低低,这会要了庄稼的命。父亲说:耙地需耙匀。如果耙不平,或高或低,那么注定有些禾苗不是被晒死就是被水泡死。待到禾苗成熟烤田时,如果放不干水就会发生病虫害。所以耙地人要把高处的泥土往低处耙,耙田时还不能放太满的水,水太满看不出高低来了。一个区区耙地,居然还有这么多诀窍呢。

我欣赏过父亲与大地兴奋的时刻。父亲站在耙上,手里扬着牛鞭,伴着民谣般的牛号,前行在水田中。

牛拉着耙,在四围浅浅的水域里,父亲一手抓住缰绳,一手扬鞭,猛地喝声:驾!随即牛号声从空中飞溅开来,宛如撒下的种子,噼里啪啦,声音洪亮清脆,仿佛,在充满生机欲望的水田里,那拔节的声响已经在远方启程。声音重金属般落下,顿时,泥水四溅,水牛放开四蹄,拖着耙,在水田中奔跑。此时的父亲,不再是农夫,他也许感觉到自己是个船长,正航行在无边无际的大海上⋯⋯

我没有用过耙,可是我却享受过耙,有趣而又沉重的农具。

站耙,这是耙地的一项重要活动。碰到耙轻地硬,当一个人的重量不够时,耙,就会在田里漂浮,它就无法把泥土耘透。这时就需要"站耙"。站耙就是耙上站个人,增加耙的重量,夯实水田。这样的责任自然落在孩子们的肩上。那年我十一岁，念小学四年级。那一幕我至今不忘。我在想：父亲的站耙，是不是让我体悟下大地的分量和农人的艰辛的含义？还是一种无声的教育？

站耙的对象也只能是孩子，否则耕牛怎么能吃得消？在乡村，牛在农人父亲看来，是家庭的一员，疼它，更关心它。站耙，曾是我们多么梦寐以求的事情，站在耙上，就像扬帆远航的水手，有好男儿志在四方的豪迈感，同时，还有那么一点主宰田野的味道。虽然，那时父亲才是土地真正的驾驭者。胆子大的，站耙时只要用根长绳子拴在耙梁上，握在手里，随着耙体起起落落，保持身体平衡就能站稳在耙梁上；胆子弱的，就胆战心惊地蹲下身子，两只脚放在两根耙梁上，磕磕绊绊，随波逐流，一身泥浆，一场活下来，阡陌上定会多了个小泥猴子呢。

我为父亲惊叹。不识黑墨水的父亲居然识得大地的字，耙的字以及泥土上生长着的庄稼字，春分、谷雨、芒种、小满等成为父亲在乡间叨念最多的音符。而我识字，却不识泥土里深藏的隐秘与艰涩。父亲说：你的字在课本上，我的字在地里。是的，父亲的字是一枚枚麦穗、稻穗，是一棵棵大豆，是一道道袅袅升起的炊烟！而我，就是在这乡土的村庄里，在父亲丛林般的文字里，摸着农谚，听着节气，吮吸着生命的养料。

在乡间，耙是一个男人的象征。父亲说：在农村，一个男人要是不会耙地，是要遭人不齿的。是男人的，就必须扛起这耙。否则还叫男人吗？我理解父亲对耙的解读。父亲十七岁就开始用农具生活了，在他手上的农具，无不闪烁着汗水浸透的亮光。在那光亮里，要隐蔽着父亲多少岁月的辛酸与风雨。父亲说：农人的生活，靠的就是土地，还有这身力气。

有男人的乡村家庭还好过。没有男人的人家可谓倍加辛酸。乡场上，稻田里，哪一样粗活不要男子汉伸手？可惜，生活的厄运，把重任落在一

个妇人的肩膀上。每到耙水田的日子,父亲总是忙个不停。总是这家请那家约的。女主人为了能得到父亲的帮忙,总是早早地上街打酒买菜,把美味佳肴送到田间地头,甚至还备好上好的毛巾与香皂。在乡村,这是一件多么奢侈的荣耀!疲惫不堪的父亲彼时满脸红光。晚间母亲总生父亲的气:悠着点。父亲叹息道:哎,没有男人的日子,妇道人家难!

现在,我们站在历史的高处,只能依稀遥望耙的背影了。昔日这笨拙沉重的农具啊,是农家的拐杖,是与土地搏斗的生存武器,与生活相依,与生命相偎。多少艰难的日子,从农具的一端滚落下来,耙平生活的坎坷,抚平内心的辛酸,孕育一个又一个日子。只是,耙的身后,我依旧可清晰地看到母亲沟壑纵横的面颊,父亲饱经沧桑的大手,还有你那闪烁着寒光的耙齿。

耙至今还靠在老家的山墙上,父亲已然老去。黑暗中的耙落满尘埃,依旧沉默。它从哪里来,又该回到哪里去?不知道是否还锋利如初?这一切我都无法回答,父亲也无法回答。

要想自己成为幸福的人,就应当对别人关怀备至,体贴入微,赤诚相见。

——苏霍姆林斯基

第十一辑

萤火虫照彻的背影

大地的悲欢，其实就是我们生命的悲欢。不论大地带给我们的是风雨交加的夜晚，还是苦难深重的生活，保持感恩，这是我们内心的火焰，它能够照亮我们夜行的路。

萤火虫

　　夏夜，漫天都是星星，亮晶晶的葡萄似的。田野空旷，庄稼静默，四周涌上来的是无数不知名昆虫的鸣叫，唯一证明有生气的是那漫天飞舞的萤火虫，从远方飞来，在高大的脚手架衬托下，一切显得那样的渺小、孤独。而简陋的工棚里，躺着一位年轻的男人，看样子受伤了，伤得不轻，偶尔听见男人轻微的呻吟。在男人的旁边，还有个女人，白皙的皮肤，俊俏的脸蛋。她正拿着温热的毛巾给男人擦拭额前的汗珠呢。

　　男人转过身去，把脸向被子里又伸了下，啜泣声传出来，化作滚烫的泪珠，落到地上，挺响。

　　女人见状，就紧紧地把男人搂在怀里……

　　男人是个建筑工。跟随一个建筑队打工，走南闯北，无数高楼大厦从男人手底冒出来。干活累时，男人就喜欢坐在高高的脚手架上，把手擦了擦，从贴身的衣兜里掏出一个女人的相片，美美地欣赏一番，完了还不忘高歌一句"妹妹你大胆地往前走啊往前走，莫回头……"声音浑厚，在粗犷的田野上传出很远很远。同事们听了就折起腰来笑，小子，又想女人那雪白雪白的……这时候，男人望着工棚，装出生气的样子，别瞎说，小心被她听见呢。

不远处的工棚里，女人正埋头烧饭，从锅底里冒出来的烟把女人熏得黑糊糊的。

男人做梦都不敢相信这是真的。

女人要身材有身材，要容貌有容貌。在老家，就是拿棒子打也打不出这样有棱有角的女人。当女人第一次和他说话时，男人半天反应不过来。男人就使劲地掐了下大腿才开始回话。令男人难以相信的是女人看上他了。女人第一次说这样的话时，男人没有在意。后来又说时，男人也没有在意。同事们说，小子，交桃花运了吧，还是看上你的钱兜？男人想自己是个穷光蛋，有的只是一身力气，哪里有钱？哪里会有桃花运可交？再说，男人如流水一般，随着建筑大军从一个城市辗转另一个城市，到处是流动的家，哪里有个安身的家？

男人疑惑着，后来男人又到另一座城市干活。意外的是女人也追到了这个城市，男人十分诧异。

男人说，你干吗跟着我？

女人说，我喜欢你啊。

喜欢能做啥？又不能当饭吃？俺是个穷光蛋呢。

女人扑闪着眼睛，说，俺不嫌弃，俺图你人好，穷，只要有咱俩的

双手就不会穷的。

男人说，你会后悔的。女人说，俺相信你，吃糠咽菜情愿……

女人也跟着男人，从一个工地飘到另一个工地。

白天，男人在高高的脚手架上，女人则在简易的工棚里做饭。女人真能干，负责一个工地上几十号人的一日三餐，买菜淘米做饭。女人还有一手好厨艺，简单的家常菜到了女人手里，就变成了喷香可口的美味佳肴呢！

再干活时男人觉得格外有劲。男人暗暗发誓，哪天也要让女人住上这高楼。男人就拼命地挣钱，一座座小森林般的高楼拔地而起，站在高楼上的男人，望着女人，总想放声歌唱。

男人本来想回老家的，该把婚事给办了。老板说再盖完那个工程就放他假期；多挣点手头也好宽裕着，办喜事花钱的地方多着呢。男人一听，也是，就决计再干上一段时间。为了再挣最后一笔钱，男人就随着建筑队来到了这个荒无人烟的地带。男人没有想到会从那脚手架上失足摔了下来。

男人对女人说，你走吧，我会拖累你的。女人抹去一脸的泪水，就拼命地摇头。男人就低下头又说，这样的日子什么时候是个尽头？你走吧，我不会怪你的，女人依旧拼命地摇头。女人把药倒好，把男人轻轻地扶做起来，一口一口地给男人喂着。

男人一怔，你又去买药了？

女人不语。工地干一半，工人就撤走了，原因是夏天天气炎热，但男人留下来，因为无家，女人也留下来了，因为留下照看着工地，可以多得一笔收入为男人治病。整个旷野里，只剩下男人和女人了，还有滚热的日头、皎洁的月亮。

女人轻声地问，药苦么？男人就着眼里的泪水，不苦，甜着呢。女人就开心得笑。当然，女人也有郁闷的时刻，男人怎么不问自己的情况呢。

白天，女人把男人放在平车上，推到树荫下乘凉。女人很兴奋，男人的病有好转了。为了给男人解闷，女人还会给男人唱起家乡的童谣：萤火虫，夜夜红。公公挑担卖胡葱，婆婆养蚕摇丝筒，儿子读书做郎中，新妇织布做裁缝，家中有米吃不空……

旷野的夜是最难熬的。四周泼墨似的黑，那青青的芦苇荡，高高低低、大大小小的坟地，到了晚上都变成了黑压压的，让人毛骨悚然。不远处，还不时传来怪异的鸣叫声。女人胆小，泥鳅一样滑进了男人温暖的怀里。

女人又要去给男人买药。男人说算了吧，反正也快好了。男人已经能下地走几步了。女人不依，顺着弯曲的小路，爬上高塬，趟过小河，拐上公路走远了。

女人走后男人就后悔了，天有点晚了。更让人担心的是要下雨了。

其实女人也后悔得要命，看样子今晚要摸黑回去了。女人最怕黑，特别是旷野无人的黑，但为了男人的药，女人高一脚低一脚地走着。为了早回，女人小跑似的，买完了药，坐上最后一班公交车就回来了。天公不作美，外面下起了瓢泼大雨，天一下子暗了下来。女人头皮一麻。到了站，女人下车，双手护着药，一头钻进了夜幕里。夜黑，雨大。女人顺着大致方向，跌跌撞撞地向工地扑来。

女人浑身湿透了，大气也不敢喘，一个劲地往前奔走。道路泥泞，

女人的两只鞋子也不知到哪里去了,泪水不知不觉地从眼眶里泻了下来。就在女人趟过小河将要爬上高塬时,漆黑的雨夜里,熟悉的歌声又传到了女人的耳畔,"妹妹你大胆地往前走啊,往前走,莫回啊头……"塬上闪亮着一盏微弱的光芒,光亮里,女人看见雨帘中的男人拄着木棍,手拎着装满萤火虫的罐头瓶,对着女人的方向引吭高歌……

女人只觉得眼前飞舞着无数只萤火虫,一闪一闪的,很亮很亮。

幸福的斗争不论是如何的艰难,它并不是一种痛苦而是快乐,不是悲剧而只是喜剧。
——车尔尼雪夫斯基

第十二辑

土地最后的挽歌

土地,对农人来说,意味着什么?一辈子都在土地里劳作,还有生存与逝去。从土里来,回到土里去。在这日益物质化的当下,多少人似乎都已忘记了身上涌动的泥土血液。是啊,只有农人,才会把土地捍卫得撕心裂肺,甚至融入生命。

乡村物语

那块土地

当劳爷头一挨到拾边地时,手触摸到庄稼,久未瞌睡的眼睛竟然一瞬间就闭上了,鼾声四起。在场的人无不为之落泪。睡梦中,劳爷的一只手触摸着泥土,另一只手还四处摸索着庄稼,摸到山芋秧,就摘下一片碧绿的叶子,放在嘴里咀嚼;摸到一棵大豆,就摘下还没有成熟的豆荚,剥了皮,把幼小的豆粒送到嘴里,哐吧哐吧着,那神情陶醉极了。那长大的高粱,顶着一头火红的光芒在月光下燃烧,劳爷也没有停止对它的骚扰,依旧伸出竹枝似的手,从高粱的根部摸起,然后,在够不着时,那只手就伸向半空中。

天上有什么呢?星星?月亮?劳爷和儿女们在交谈的时候,劳爷总是告诉他们,那不是星星月亮,是庄稼人把种子种在了天上,一粒粒,闪烁着生长的光芒。劳爷是个典型的庄稼好手,方圆十里,无人不知。人家一亩地能产一千斤水稻,而他摆弄的稻田总能产一千两三百斤。劳爷说,要

第十二辑 土地最后的挽歌

不是他种地好，怎么能到天上去耕种呢？你们看，那月亮不就是他手里的那把锄头吗，正在锄田间的杂草。人勤地不懒。你给地多少汗水啊，大地就给送来多少粮食呢。

水！水！快！水！睡梦里劳爷突然惊叫。

众人赶忙把矿泉水递到劳爷的嘴边。

劳爷就拼命地摇头、摆手。

不是，不是的。劳爷使劲地喊道。声音的洪大，似乎吹皱起了汴河畔的波浪，清澈的河水在白银的月光里，缓缓地流淌，它哪里知道一个生命垂危的老人在梦中呼喊它的名字。

儿子劳力走上前去，顺着梦中爹的喊话，问道，水？什么水？劳爷还是念叨着，水！

儿子劳力又问，河水？劳爷点了点头，嘴里啰唆着。

儿子就纳闷了，要河水干什么？劳力看了看四周，远处正在拔高的高楼，还有大片待开发的土地，密密麻麻的脚手架快把城市的天空刺破了。身边，还有片巴掌大的土地，上面种满了庄稼。

儿子一愣，难道是给庄稼地浇水？问劳爷。

劳爷听了，沉沉地点头。后又熟睡，鼾声继续。众人一阵唏嘘。劳爷在梦里还在惦记着那块地呢！

如果我们不能建筑幸福的生活，我们就没有任何权利享受幸福，这正和没有创造财富无权享受财富一样。

——萧伯纳

乡村物语

那座房子

听到拆迁的消息，已经花甲的劳爷就有点郁郁寡欢了，终日在那块巴掌大的拾边地上劳作。拾边地，也就是河边的荒地而已，劳爷看着荒了可惜，利用几个半天把它耕作一番，后栽种上了蔬菜或者农作物，冬季到来就种上麦子、油菜之类，夏季来临就种上大豆、玉米等，在沟埂上，劳爷还见缝插针，种了点山芋、西红柿，还有丝瓜等作物，长势喜人。

儿子劳力深夜找来，劝父亲劳爷回家，爹，你瞎忙什么东西啊？有什么用？推土机说来就来，你这小地还有命？拆迁办的通知已经都告示了，你还留念个啥？劳爷没有理睬儿子，拿着水瓢，再给萝卜秧子浇水。趁着丝绸般的月光，那从汴河里才担上来的水，拌着月光流进萝卜秧子的根部，直抵达生长的命脉。劳爷看着秧子周围的泥土慢慢湿润，心也滋润着。栽菜浇瓜，不能心急，否则的话，瓜秧、蔬菜等之类等到朝阳升起来，准会被晒死的。最好的办法是在这些植物的周围，挖个洼地，水就倒在这片洼地里，然后会慢慢地洇进植物的根部。

劳爷今个不想和儿子探讨这个问题，再说儿子他一贯不感兴趣，简直是对牛弹琴。有时劳爷生气极了，就会冲着劳力说，吊能的东西，你以为你是城里人哪？劳爷一家严格说来，的确不是城里人，充其量是郊区人，近两年由于本县房地产业迅猛的发展，使原先大片大片的庄稼地被蚕食了，取而代之的是摩天的高楼。最有明显标志的是，到今天，劳爷一家还保持着农耕的方式，家里的叉耙扫帚、犁铧镰刀一样不少。准确地说，他们一家是城市里的农村人。不幸的是，招商引资的人带人来考察小城，看中了劳爷家周围的地方，更准确地说，看中的是劳爷家门前的那条历史悠久的河流。

可是儿子不买老子的账，不是城里人咋地啦？商品楼房一起来，咱买上一套，咱家就是标准的城里人。

切，瞧你个烧包样子，拿鸟钱去买啊？

人挪活，树挪死。你怎么还抱着一亩三分地忙活呢？

瞎忙。

儿子劳力的话语重了点。

劳爷一听，睁圆双眼，小狗崽子，你个不吃粮食的，种地怎么了？说着拿着水瓢就要掼儿子。但手明显地软了下来。

扫视周围，拆迁的拆迁、租房的租房，原先的人家几乎都走光了。不远处，开发商的售楼处已经动工了，一处名曰水岸城邦——都市化、国际化的高级商业化住宅小区开始走进小城人的生活。

劳爷没有走。房子拆迁了，可是劳爷又在河边搭了个庵棚，继续驻扎。工地上的人来过这儿好几次了，老头，怎么还没有搬迁啊？舍不得

乡村物语

啊。劳爷陪着笑容，就搬，就搬。在这河岸上住了几辈了，乍走，还真的舍不得呢。劳爷整天好像丢了魂魄似的，白天薅草，夜里就去河里担水浇那菜地。一夜，两夜，三夜……都快半个月呢。周围的菜地、庄稼早已一片狼藉，唯独这块地鲜嫩着呢。

劳爷弯着腰，一瓢一瓢，给菜地里的黄瓜、茄子以及葱啊蒜啊等浇水，婴儿般地喂奶，唯恐哪个孩子少吃一顿、少喝了一口。他每浇一棵，身体就笨拙地移动一块屁股大的地方，沿着墒沟继续前行。

七八十岁的人哪，还犟脾气。

爹，睡觉去吧，净做些无用的事。劳力又唠叨了一句。

要走你走，我不走。说话干净利落。

劳爷头都不抬。

> 获得幸福的秘诀，并不在于为了追求快乐而全力以赴，而是在全力以赴之中寻出快乐。
> ——纪德

爷爷的疑惑

天不亮，劳爷就起床了，扛上锄头，急匆匆地往那拾边地去。昨天夜里回来，他扳着手指头算了下，该给山芋培土了。山芋很有脾气，你给它多大的垄，它就能长出多少山芋来。眼下山芋已经长出七八片叶子了，即将拖藤结果，可马虎不得。俗话说，人误地一时，地误人一季呢。

劳爷怎么也想不通，住在这河边好好的，干吗要拆迁呢？说是盖房子，这房子不是好好的？高楼？与平房有什么区别？上楼下楼，还不把人累坏？一家两家，对门却老死不相往来。哪如咱这，东家老太招呼一声，大家三五个凑在一起，说个家长里短，多爽心？看那长高的楼房，怎么看怎么像鸽子笼似的，人成了不会飞的鸟了。庄稼人，泥土命。从泥土里刨

食，到老来终究还是要回到泥土里，那才是最终的家。劳爷自言自语，等他老了，他才不愿意去那烟囱里走一回。

太阳升起一竿高了，劳爷有点累了。咋不是的呢。他已经足足干了三个多钟头了。

儿媳妇翠花牵着娃子走过来。

爹，回去吧。儿媳妇望着爹。您种了一辈子地，还没有种够吗？累了，也该歇歇了。劳爷没有言语。儿媳妇是个小学老师，能说会道。的确，再难再苦，就是种地人。一季的庄稼，全靠老天吃饭，狂风来了，麦子倒伏了；暴雨来了，稻穗砸落了，干旱来了，禾苗枯死了……劳爷想想自己汗水摔八瓣，养活了四个娃，不觉得鼻子辛酸。大儿子、二儿子和三儿子大学毕业后，就留在了北京。只有小儿子留在身边，分配的工作不愿意，自己在小县城开办了个小公司，生意还不错。土地就是他的命。为此，几个儿子一合计，在郊区安了个家，还在城郊开垦了块空地给劳爷种种。

儿媳妇继续说，城市发展了，盖高楼是好事呢。爹你想啊，下雨天上个街买个菜都很方便，菜市场到处都是，什么菜都有，就连您老喜爱的山芋一年四季都有呢。还有，早晨起来，您要是不喜欢在家吃，还可以到街上吃早点嘛，那可有滋味呢。再说，这房子拆了，地没了，政府也会给咱们新房子的，哪里还需要菜地？劳爷被儿媳妇说得一动，他就爱吃那山芋稀饭。想当年，公社时期，一年到头不过几瓮粮食，日子怎么过？他就让劳力娘在家前屋后栽种上山芋秧子，那年，山芋成了家中的主粮，吃饱了，吃够了，吃伤了。劳力娘一见山芋头就大了。奇怪的是劳爷却对山芋充满感情，爱上了吃山芋。

第十二辑　土地最后的挽歌

河边，风大，孩子小。夏天蚊虫多。翠花带着娃，看着爹劳爷。娃子打了个喷嚏，估计要感冒了。回吧，我再蹲蹲。劳爷舍不得土地，更舍不得孙子，便答应儿媳妇马上回。

劳爷停下手中的锄头，从口袋里摸了根烟点燃，吸了起来。

如果你想获得幸福和安宁，那就要越过层层的障壁，敲起真理的钟前进！

——卡拉维洛夫

支撑

那个中午，劳爷的烟吸得时间可不短，一直到傍晚，直到大雨倾盆，劳爷才回来。这一回来，劳爷就病倒了。上了年纪的人了，淋了雨不生病才怪呢。高烧发到四十度，把劳爷的嘴皮都烧破了。在医院里，直到第三天，劳爷才完全清醒过来。

一醒来，劳爷就问儿子劳力，那块地推土机去了吗？庵棚在吗？那些大豆、山芋还有高粱长得怎样？

劳力说，好着呢！爹，您就别操心了。二期工程还没有正式开发，还有段时间才动工呢。

劳爷挣扎着，从病床上扶坐起来，喘了喘气，把老伴叫到身边，对着耳语，劳力娘，我没事的，你再去帮我看看那块地，啊？

劳力娘欲言又止，好，好，好。儿子劳力问娘，爹想干什么？

劳力娘说,你爹不放心,还叫我再去证实一下。

哎,一辈子劳碌的命。劳力娘叹息道,说完走了出去。儿媳妇带着娃子从家里送饭来了。

儿媳妇指着爹对娃子说,叫爷爷,快叫爷爷!

娃子睁大着乌黑的眼睛,望着,爷爷,爷爷。

劳爷高兴地眯着眼睛,把孙子拉到跟前,你想吃什么啊?等爷爷好了再给你买,啊?

孙子歪着头,谢谢爷爷。我要玉米棒。

劳爷听了孙子的话,更加开心了,搂住孙子的小脸,不住道,乖乖,不愧是我孙子啊,看来爷爷的那块地没有白种啊,再过一段时间,那玉米棒就可以烧着吃呢。

蹭、蹭、蹭,劳爷竟然从病床上下来了,对孙子说走,回家去。看看那拾边地!

劳爷的病似乎好了很多。

人类之所以感到幸福的原因,并不是身体健康,也不是财产富足;幸福的感受是由于心多诚直,智慧丰硕。

——德谟克里特

劳爷

  劳力娘去了那块地。一去到晚上才回家。绿地旁,建筑垃圾、装潢材料、建筑材料等,小山似的包围着,渐渐要淹没了这块地方。玉米、大豆等这些庄稼依旧在初秋的凉风里摇曳,丝毫没有感觉到末日降临。

  劳力娘一个人在地头哭了很久。哭这块地?还是劳爷?当然是劳爷。其实,劳爷哪里知道,他哪里是感冒发烧的病,而是癌症后期了,离大去之日不远矣。

  劳爷在医院已经住了七八天了,答应孙子去看那块地,去掰玉米棒子烧吃也没有实现。劳爷几次想去,不是被儿子、老伴劝住,就是医院的医生、护士不让。哎,医院哪里是穷人住得起的啊?庄稼人,吃上几片药,打上几支针水,凑合一下就行了。

  人是不能闲着的。庄稼人说,睡会睡出毛病的。也许是真的,劳爷只觉得自己真的越来越爱睡觉了,有时想起都起不来,只觉得睡着好受点,虽然,这七八天没有睡过一次完整的觉。

准确地说,劳爷是睁着眼睛睡的。

儿媳妇守候在床前,爹,休息一会吧,别想着那块地,庄稼长得好着呢。

孙子趴在爷爷的床头,爷爷,别急,等您病好了我们再去吃玉米棒子。

劳力娘转过脸去,使劲地揩了下眼角,走到劳爷的身边,她拿着从市场里买来的豆角,举给劳爷看,老头子,你看,我们拾边地的豆角长大了,快要熟了。

劳爷见了,立马笑了,是吗?我说呢,我种的庄稼哪能差呢。

这一见,劳爷一刻也坐不住了,吵着闹着要出去,要去看看那块地里的庄稼。谁也劝不了。只好从了劳爷的愿。

众人抬着担架走出了医院。

人类最大的幸福就在于每天能谈谈道德方面的事情。

无灵魂的生活就失去了人的生活价值。

——苏格拉底

乡村物语

和土地，告别

谁也不敢相信，劳爷一接触到泥土的气息，居然沉沉地睡去了，而且睡得那么香；更令人惊诧的是梦里牵挂的还是稼穑之事。

依旧是黄昏里，劳爷终于醒了，把众人吓了一大跳。

躺在庄稼地里的劳爷似乎精神抖擞着。他挣扎着爬了起来。有人惊呼"劳爷您……"，劳爷已经伫立在玉米地里了。

劳爷拍了拍身上的尘土，对劳力和众人说，大惊小怪什么，我不是好好的吗？你们都回去吧。

众人皆诧异，怎么了？劳爷是回光返照，还是完全康复？怎么一踏上这地上，劳爷立马就鲜嫩着，精神抖擞着。

劳爷把目光放在远处。远处，推土机、挖掘机，还有砖、石头、钢筋等建筑材料铺天盖地，脚手架也越长越高，把往昔的田野推出去好远好远。成片的树木也在疼痛的割锯中倒下，微弱的呻吟声只会淹没在都市的喧嚣声里。消失的不仅那些树木，还会有鸟儿、庄稼和村庄，还有人。

劳爷黯然泪下，用微弱的气力对众人吼道，还不走？我和土地说声再见不行啊？

劳力娘看着劳爷，眼泪哗哗，当心哪！

劳力娘知道劳爷心里憋得慌，总是找土地说说话。这也不是第一次了。劳力娘记得有年夏季，从淮河上来的洪水，冲缺了河堤，淹没了村庄、草垛，还有大片大片的土地。原先葱茏碧绿的黄豆苗，洪水走后，留下孤独苗条的身影。年轻的劳爷欲哭无泪。贫穷的家境，贫瘠的原野，还有瘦弱的劳力娘和肩上哭泣的娃。

劳爷在洪水走过的地方，在稀疏的庄稼丛中撒上绿豆种，松土、施肥、浇水、薅草。早晨，劳爷扛把锄头和土地窃窃私语；黄昏，劳爷用镰刀和杂草纠缠。

劳力娘记得那时的劳爷喜欢在黄昏的旷野里，引吭高歌，苏北地区那拉魂腔似的牛号就从暮色里弥漫上来，荡漾在晚归的路上。

哎——哎呵呵——呦——哎呵呵——

哎——哎呵呵——呦——哎呵——呵——

夕阳一落满天霞

照得南湖好庄稼

芝麻地里好甜瓜……

乡村物语

声音苍凉、悲戚，开始呻吟，渐渐亮开嗓门，逐渐嘹亮，直抵苍茫的原野深处；连耕牛都停了下来，倾听劳爷的号子。

遵照道德准则生活就是幸福的生活。

——亚里士多德